Umschlagfotos:
Umschlag der Ausgabe des Österreichischen Agrarverlages: Titelbild: Daniel Böswirth, Wien; Freisteller: Karl Wachter, Walderbach
Umschlagrückseite: Hans Reinhard, Heiligkreuzsteinach

Umschlag der Ausgabe des Eugen Ulmer Verlages: Titelbild: Daniel Böswirth, Wien; kl. Bild oben: Hans Reinhard, Heiligkreuzsteinach; kl. Bild unten: Karl Wachter, Walderbach
Umschlagrückseite: Wolfgang Redeleit, Bienenbüttel

Bildquellen Inhalt: Thinschmidt: 23 unten, 28, 29, 30 links, 33 links, 42 links, 43, 55 rechts, 59 rechts, 60, 61 beide oben, 64, 65, 66, 71 unten, 76; Böswirth: alle übrigen

Impressum

Die Deutsche Bibliothek - CIP-Einheitsaufnahme
Ein Titelsatz für diese Publikation ist bei Der Deutschen Bibliothek erhältlich.

Lektorat: Veronika Schubert, Österreichischer Agrarverlag
Korrektorat: Bettina Jakl-Dresel
Umschlaggestaltung: Atelier Reichert, Stuttgart
Grafische Gestaltung & Satz: GSB – Graphikdesign Smitty Brandner
Illustrationen: Elisabeth Fritsche
Bildreproduktion: Dominici Werbeagentur
Printed in Germany
Druck und Bindung: aprinta GmbH, Wemding

ISBN (Österreich): 3-7040-1828-0
ISBN (Deutschland): 3-8001-3247-8

Daniel Böswirth • Alice Thinschmidt

Wassergärten

Sprudelnde Steine und stille Teiche

Verlag Eugen Ulmer
Österreichischer Agrarverlag

Inhaltsverzeichnis

Inhaltsverzeichnis

Vorwort

Aus Tropfen wird Regen, aus Pfützen werden Teiche, aus Teichen Seen. In der Fantasie der Kinder ist Wasser wohl das universellste Spielzeug.

Spielerisch bleibt auch der Umgang großer Kinder. Ob als glasklare Tauperlen oder weiß schäumender Wasserfall, für den Garten ist Wasser ein Juwel.

Schlanke Fontänen, schimmernde Glasglocken, akzentuierende Kaskaden, plätschernde Springbrunnen oder der klare Spiegel eines Beckens – so vielgestaltig und wandelbar wie das Wasser selbst sind auch die Möglichkeiten, es gestalterisch im Garten einzubringen.

Kaum ein berühmtes Schloss, kaum ein Landschaftspark, in dem Wasser nicht in unverwechselbarer Weise in die Gestaltung miteinbezogen worden wäre. Moderne Technik hat heute die Möglichkeiten seiner Verwendung vervielfacht und vereinfacht.

Um Sie bei der Umsetzung Ihrer eigenen kreativen Ideen zu unterstützen, versuchen wir in anschaulichen Schritten hinter die Kulissen der verschiedensten Elemente eines Wassergartens zu blicken.

Daniel Böswirth
Alice Thinschmidt
Wien, im Jänner 2001

Gestalten mit Wasser

Es tropft, gluckert, sprudelt, plätschert, rauscht, tost oder steht still in einem Becken.

Vielgestaltig und unerschöpflich wie das Wasser selbst sind die Möglichkeiten seiner Verwendung im Garten.

Stehendes oder fließendes Wasser?

Die Gegensätze könnten gar nicht größer sein. Still und ruhig wirkt das Wasser in einem Becken oder Teich. Ein hineingeworfener Stein zieht konzentrische Kreise, ehe sich das Wasser wieder glättet. Wolken und Bäume spiegeln sich darin und laden ein, in Gedanken zu versinken.
Ein wilder Wasserfall hingegen wirkt dramatisch. Das herunterstürzende Wasser ist schon von weitem zu hören und zieht alle Aufmerksamkeit auf sich.

Wenn die Dämmerung über den Garten hereingebrochen ist und die Dunkelheit das Hören und Lauschen leichter macht, treten ein munteres Bächlein oder ein plätschernder Brunnen akustisch in den Vordergrund.

Ein guter Platz im Garten

Quellsteine, kleine Wasserbecken oder Springbrunnen sind bei einem Sitzplatz oder in Hausnähe gut aufgehoben. Ein Vorgarten, der häufig mit Rasen, Hecke und ein paar „Verlegenheitsblumen" begrünt wurde, lässt sich gut mit Wasserspeiern oder anderen Spielereien beleben. Ob in einem Staudenbeet oder auf einem gepflasterten Platz,

Wasser, ob fließend oder still, hat in Gärten lange Tradition. Im formal geprägten Garten des Chateau Villandry bei Tours im Loire-Tal (Frankreich) bildet dieser kleine Springbrunnen den Mittelpunkt des Liebesgartens.

denken Sie auch daran, dass es reizvoll sein kann, den Quellstein oder Bachlauf von verschiedenen Seiten anzusehen. Auf jeden Fall sollten kleine, pflegeintensive Anlagen wie zum Beispiel Miniaturteiche in alten Fässern ein Blickfang sein.

In größeren Gärten sind auch Plätze unter Bäumen oder freie Rasenflächen für aufwändigere Springbrunnenanlagen oder Wasserbecken ein schöner Ort.

Frühstück mit Froschkonzert

Ein Teich direkt am Haus hat Vorzüge, und doch sieht man ihn eher selten. Dabei war in vielen Epochen ein sich in einem Teich spiegelndes, auf zauberhafte Weise verdoppelndes Schloss ein beliebtes Motiv. Warum nicht auch im Garten? Nicht nur, dass sich zum Beispiel eine schöne Holz-Glas-Struktur eines Wintergartens spiegeln kann, das Wasser reflektiert auch Sonnenlicht.

Gerade im Winter, wenn die Pflanzen wenig Licht bekommen, ist das von Vorteil. Ein Steg könnte die Funktion einer Terrasse übernehmen, damit wäre eine direkte Verbindung zum Wohnbereich geschaffen.

Wird der Teich zum Baden genützt, macht es die Hausnähe leichter, Kinder zu beobachten. Wer direkt am Wasser einen Sitzplatz angelegt hat, dem offenbart sich ein surrendes, quakendes und zwitscherndes Universum auf grüner Seebühne.

Eingebettet in einen Ufergürtel lassen sich Teiche aber auch gut vom restlichen Garten abschirmen. Ein mit Sträuchern bepflanzter Hügel mindert die Sicht und die Abgeschiedenheit lockt auch scheue Tiere wie Ringelnattern an. Der Teich wird zu einem Refugium für Mensch und Tier.

Bei Hanggärten, wo erst eine Ebene geschaffen werden

Hohe Uferstauden wie Rohrkolben (Typha-Arten) schirmen den Teich etwas vom Garten ab. Sie sollten wegen ihres Ausbreitungsdranges nur in großen Anlagen verwendet werden.

Tipp

Landschaftsgärten und barocke Gartenanlagen zeigen, wie verschieden man mit Wasser umgehen kann. Während im Landschaftsgarten auf eine möglichst natürliche Einbindung mit romantischen Details wie verfallene Ruinen oder Steinbrücken geachtet wird, lebt der barocke Garten von den streng geometrischen Achsen der Becken und Springbrunnen. Besuche berühmter Gärten geben Aufschluss über eigene Vorlieben, ebenso wie das Schmökern in verschiedenen Gartenbüchern.

muss, kann man höher wachsende Sträucher an den unteren Böschungsrand setzen. Sie bieten nicht nur Sichtschutz, sondern decken den unnatürlich wirkenden Damm zu.

Bei Schwimmteichen bietet sich für die Böschungsbefestigung eine Wurfsteinmauer an. Größere Steinblöcke von etwa 500–2000 kg werden mit einem Bagger zu einer Mauer geschichtet.

Gelände modellieren

Verschiedene Plateaus schaffen, Steinmauern aufschichten, sanfte Hügel modellieren oder eine steile Böschung für einen Bachlauf aufschütten – Erdverschiebungen verändern einen Garten grundlegend. Gerade kleine, mit einem Blick überschaubare Gärten bekommen dadurch Struktur und erscheinen facettenreicher und größer als sie tatsächlich sind.

Dabei ist es vorerst wichtig, verschiedene Varianten zu überlegen und auf Papier zu skizzieren.

Geschwungene Mauern, Treppenaufgänge, Podeste, erhöhte Sitzplätze, ansteigende Wege … alles, was den Garten interessanter macht, kommt in Betracht. Sind schon einmal schwere Baumaschinen im Garten und man muss zusehen, wie der Rasen unter die Räder kommt, kann

Eine mächtige Wurfsteinmauer, deren Höhe sich scheinbar verdoppelt, weil sie sich im Wasser spiegelt, macht Eindruck. Die Blöcke wirken noch größer und gewaltiger. Umfangreichere Geländemodellierungen müssen vor dem Teichbau durchgeführt werden.

man die Gelegenheit gleich beim Schopf packen und größere Veränderungen im Garten vollziehen.

So lässt sich das beim Aushub eines Teiches anfallende Material gut für die Modellierung seiner Umgebung verwenden. Auf einem Hügel wäre nicht nur Platz für einen Bachlauf oder Wasserfall, auch Treppen mit einem erhöhten Sitzplatz beeindrucken durch ungewöhnliche Perspektiven.

Tipp

Wird Erde abgetragen, sollten Sie die oberste Schichte der kostbaren Gartenerde beiseite schaufeln. Sind die groben Erdarbeiten vorüber, muss nicht eigens neue Erde herbeigeschafft werden. Wo Erde fehlt oder zur Verbesserung benötigt wird, sollten weder Kosten noch Mühen gescheut werden, das Beste zu nehmen, was zu bekommen ist. Leider wird in der Hektik der Bautätigkeit meist zu wenig darauf geachtet. Mangelhaftes Pflanzenwachstum auf schlechtem oder durch Baumaschinen verdichtetem Boden lässt sich oft auch Jahre später weder durch Düngung noch Bodenlockerung ausreichend verbessern.

Eine nur zweireihige Mauer aus Steinblöcken schafft eine räumliche Trennung zur Rasenfläche. Am anderen Ufer sind Bäume und Sträucher zu einem undurchdringlichen Dickicht verflochten.

Teiche

Alle Teichträume beginnen mit einer simplen Grube. Die Fantasie verzaubert sie in einen schwimmenden Dschungel aus Sumpf- und Schwimmblattpflanzen, die immer wieder auseinander weichen und den Blick freigeben auf die schwer beladenen Blütenschiffchen der Seerosen.

Doch zunächst muss man sich mit so profanen Dingen wie Teichprofil, Abdichtung oder Wahl des Teichsubstrates auseinandersetzen.

Erster Schritt: Aushub

Ist die Planungsphase abgeschlossen und hat man sich über Lage, Größe, Bauart und Form des Teiches geeinigt, so kann mit dem Aushub begonnen werden.

Händisches Graben lohnt sich nur bei sehr kleinen Teichen, größere sind einfacher mit einem Bagger auszuheben. Vom Plan sollten die Umrisse zunächst mit Kalk auf Rasen oder Erde angezeichnet werden. Änderungen sind jetzt noch leicht möglich.

Es ist selten, dass der Plan exakt 1:1 auf das Gelände übertragen wird. Kurzfristige Änderungen ergeben sich z.B. aufgrund der Bodenbeschaffenheit.

Bei lockerem, schottrigem Boden sind Teichböschungen schwierig zu gestalten. Um ein Abrutschen des Erdmaterials zu verhindern, muss die Böschung flacher ausgehoben werden. Will man aber trotzdem die gewünschte Tiefe einer Seerosenzone erreichen, wird der Teich zwangsläufig etwas größer. Achten Sie darauf, dass die Sumpf- und Flachwasserzone nicht zu schmal gerät.

Oft wird auch der Fehler begangen, dass der Aushub zu wenig tief erfolgt. Bei einer 70 cm tiefen Teichgrube bleiben nach Schotterabdeckung und dem Einarbeiten des nötigen Substrates nur noch

Teichprofil

Die Flachwasserzone sollte nicht zu schmal und auch nicht zu steil sein. Ein flaches Ufer (mind. 3:1) ist für die artenreiche und vielfältige Entwicklung des Wasserlebens sehr wichtig. Achten Sie darauf, dass die Folie an den Rändern aufgestellt ist und keine Verbindung des Teichwassers zur Umgebung zulässt (Kapillarsperre).

50 cm Wassertiefe. Seerosen neigen bei seichtem Wasserstand dazu, übermäßig viele Blätter zu bilden. Hinter diesen Blätterbergen verstecken sich die herrlichen Blüten. Rechnen Sie beim Graben 10–25 cm für die Schotter- und Substratschicht dazu.

Sie sollten sich auf jeden Fall Zeit nehmen und die Aushubarbeiten, wenn Sie eine Firma damit beauftragt haben, zumindest im Auge behalten. Spontane Änderungswünsche können so mit dem Bauleiter koordiniert und berücksichtigt werden.

TIPP

Stößt man beim Graben auf einen felsigen Untergrund, wo viele spitze Steine aus dem Boden ragen, so besteht die Gefahr, dass die Abdichtung trotz des Schutzvlieses beschädigt wird. Eine rund 5 cm dicke Schichte aus gewöhnlichem Kabelsand schützt Vlies und Folie.

Zweiter Schritt: Feinplanie

Nach den groben Aushubarbeiten folgt die Feinplanie mit Harke (Rechen) und Schaufel.

Herausragende Wurzelstücke, spitze Steine und Gegenstände wie Scherben oder Bauschutt müssen entfernt werden. Uferböschungen dürfen nicht zu steil sein, weil die Gefahr des Nachrutschens besteht.

Eine auf steilen Böschungen verlegte Folie lässt sich zudem kaum mit Schotter abdecken. Korrekturen wie das Abflachen oder die feine Modellierung des geschwungenen Ufers gelingen am besten mit einem Spaten.

Eine Überlaufstelle, wo Wasser zum Beispiel nach heftigen Regenfällen abfließen kann, sollte bei Teichen in Hausnähe an der hausabgewandten Seite liegen. Weder Nachbargrundstücke noch Straßen (Vereisungsgefahr im Winter!) dürfen durch „Hochwasser“ beeinträchtigt werden.

Teichgrube nach der Feinplanie

Jetzt muss das Schutzvlies verlegt werden.

Dritter Schritt: Vlies und Abdichtung

Das Schutzvlies (200–600 g/m²), das in 2 bis 4 m breiten Rollen im Handel erhältlich ist, wird mit 30 cm Überlappung in der Teichgrube ausgelegt und mit einem Heißluftfön punktuell verklebt.

Außerhalb des Teiches fixiert man es mit Holzpföcken an den Rändern. Eventueller Wind ist dabei weniger beeinträchtigend als das spätere Zurechtrichten der Abdichtungsplane darüber – ist das Vlies nicht befestigt, verrutscht es leicht.

PVC (Polyvinylchlorid)-Folien
Sie wurden und werden immer noch sehr häufig verwendet, denn sie sind kostengünstig und können gut vor Ort verarbeitet (geschweißt) werden. Vom ökologischen Standpunkt aus betrachtet ist PVC allerdings bedenklich, denn es stellt sowohl in der Erzeugung als auch in der Entsorgung eine große Belastung für die Umwelt dar.

Wer außerdem einmal versuchen sollte, einen zehn Jahre alten Teich, der mit einer PVC-Folie abgedichtet wurde, zu erweitern, wird unliebsame Überraschungen erleben. Die ursprüngliche Geschmeidigkeit der Folie geht mit dem Verflüchtigen der Weichmacher verloren. Das Zusammenschweißen der spröden alten mit einer neuen Folie gelingt nur schwer.

EPDM-Synthesekautschukplanen
Sie bleiben auch nach Jahren unverändert elastisch, und ein Anstückeln für eine Erweiterung des Teiches ist kein Problem. Solche kleineren Nähte können bei speziell beschichteten Kautschuk-Planen mit einem Heißluftfön vor Ort geschweißt werden.

Die Planen für Teiche und Schwimmteiche werden besser

Die Plane wurde zunächst grob ausgebreitet. Die beim Hineinlegen entstandenen Falten müssen zu wenigen großen Überlappungen vereint werden.

Das Schweißen von EPDM-Kautschukplanen mit einem speziellen Heißluftfön sollte man Profis überlassen.

in Spezialfirmen maßgefertigt. Stärken von 1 mm bis 1,5 mm sind zu empfehlen. Aufgrund des beträchtlichen Gewichtes der Plane (bei einer Stärke von 1,2 mm sind das 1,5 kg je m²) sollten mehrere Personen beim Ausbreiten behilflich sein. Die zwangsläufig entstehenden Falten sollten zu einigen großen Überlappungen zusammengezogen werden.

EPDM-Synthesekautschuk-Planen sind um einiges teurer als andere Folien vergleichbarer Stärke. Im Gegensatz zu PVC-Folien, die an kalten Tagen steif werden und dadurch schwierig zu verlegen sind, ist das Ausbreiten einer Kautschuk-Plane auch bei tiefen Temperaturen kein Problem. Im Sommer können sich schwarze Folien in der Mittagshitze unangenehm aufheizen. Es braucht Erfahrung, die Abdichtung für einen ganzen Teich zu schweißen. Neben der Möglichkeit des Kaltschweißens mit Quellschweißmitteln bei PVC-Folien ist die Methode des Schweißens mit einem speziellen Heißluftfön am gebräuchlichsten. Spezialfirmen geben auf ihre maßgefertigten Planen Garantie. Fachpersonal und Schweißautomaten bürgen für optimale Qualität.

Alternativen

Die sympathischste und natürlichste Abdichtung ist

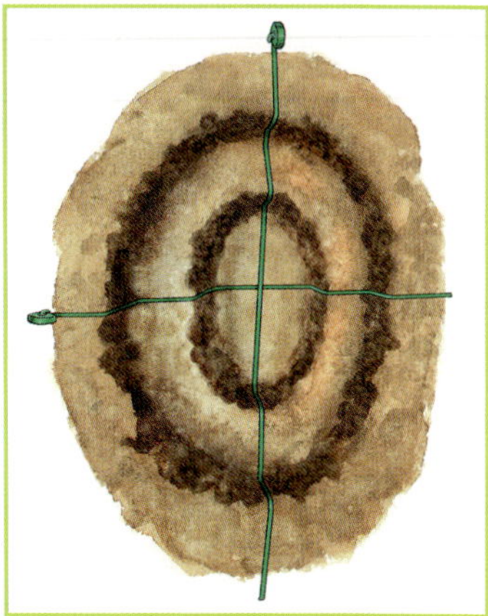

Bandmaß in fertig ausgehobenen Teich legen, die längste Länge x die breiteste Breite (+ je 0,3 m Übermaß) ergibt die benötigte Größe der Teichplane in m².

verdichteter Lehm. Für kleine Teiche kommt er aufgrund bautechnischer Probleme so gut wie nicht in Frage, und es gibt nur wenige Firmen, die sich darauf spezialisiert haben.

Polyethylen-Folien haben sich aufgrund ihrer Steifheit für kleinere Teiche nicht bewährt. Selten, weil nicht unbedingt einfach in der Verarbeitung, sieht man Abdichtungen aus Polyester. Das flüssige Harz wird auf spezielle Fasermatten, die in der Teichgrube ausgelegt sind, aufgetragen.

Beton ist auch mit Zusatzstoffen (Abdichtungsmitteln) auf Dauer kaum 100 % wasser-

Tipp

Wer im Garten mit Wühlmäusen zu kämpfen hat, kann unter das Schutzvlies ein Wühlmausgitter (feinmaschiges Drahtgeflecht) in eine Sandschichte einlegen. Wühlmäuse sind allerdings ein weit geringeres Übel als Bisamratten, die zwar selten vorkommen, dafür aber eine echte Gefahr für die Folie darstellen, die sie von der Wasserseite her benagen. Auch bei mancher Pflanze ist Vorsicht geboten: Die jungen, bleistiftspitzen Sprossen des Chinaschilfs (Miscanthus-Arten) können eine Folie mühelos durchwachsen. Entweder verzichtet man auf das schöne Gras in Teichnähe oder grenzt es in einem Gefäß ein.

Um einen schönen, kontinuierlichen Übergang von der Flachwasserzone zum Ufersaum zu erreichen, darf die dazwischen liegende Sumpfzone nicht zu schmal sein. Hahnenfuß (Ranunculus-Arten), Kleiner Rohrkolben (Typha minima) und Blutweiderich (Lythrum salicaria) wurden in den Teich gepflanzt. Außerhalb gedeihen Rutenhirse (Panicum virgatum), Felberich (Lysimachia punctata) und Spornblume (Centranthus ruber).

dicht. Ein Betonbecken in Kombination mit einer Plane ist allerdings möglich.

Fertigbecken aus glasfaserverstärktem Polyester oder anderen Kunststoffen findet man in Gartencentern in allen Größen. Hier allerdings ist man an die Form gebunden. Durch senkrechte Wände und Stufen erreicht man schon bei geringer Fläche die gewünschte Tiefe von 60–80 cm, wo auch großblumige Seerosen gedeihen können.

Solche Becken kommen einem natürlichen Teich nicht sehr nahe, und es stellt sich die Frage, ob ein gemauertes Becken, zum Beispiel mit schöner Stein-, Klinker- oder Fliesenverkleidung, nicht ein besserer Rahmen für die herrlichen Seerosen wäre.

Vierter Schritt: Schotter und Substrat

Gewaschener Schotter mit Steinen von 8 bis 32 mm Größe hat sich als Abdeckung für die gesamte Teichfolie bewährt. Der Wasserstand lässt sich durch unterschiedliche Höhe der Schotterschichtung variieren.

Größere Findlinge an der Kante zum tiefen Bereich lockern die Teichlandschaft nicht nur auf, sie verhindern auch das Abrutschen des Substrates aus der Flachwasserzone.

Als Teicherde in den Pflanzbereichen ist ein Gemisch aus Quarzsand und nährstoffarmem Ton ideal. Solche Mischungen sind unseres Wissens nach nicht abgesackt im Handel erhältlich, können aber lose von Teichbaufirmen bezogen werden. Vor Kompost, normal gedüngter Gartenerde oder Blumenerde ist ausdrücklich zu warnen, weil ihr Nährstoffgehalt viel zu hoch ist. Starke Veralgung bis Eutrophierung („Umkippen") des Wassers sind die Folgen.

Der Bedarf an Substrat hängt von der Anzahl der verwendeten Pflanzen und der Teichgröße ab. Für einen mittleren Teich von 40 m^2 Wasserfläche benötigt man etwa einen halben Kubikmeter (500 l) Substrat. Im Handel erhältliche Teicherde in Säcken eignet sich zum Befüllen von Gitterkörben für Pflanzen mit höherem Nährstoffbedarf.

Erdbaumaschinen ersparen eine Menge Arbeit. Hier hebt ein Greifer Schotter direkt vom Lastwagen und verteilt ihn auf das bereits aufgebrachte Teichsubstrat. Das Abdecken mit Schotter mindert die Trübung des Wassers, die durch ein ständiges Aufwühlen des Substrates durch Tiere oder Tritte entstehen würde.

Seerosen müssen zuerst gepflanzt werden. In größeren Teichen genügt es, sie direkt in das Teichsubstrat zu setzen, bei kleineren Teichen kann es sinnvoll sein, ihren Ausbreitungsdrang durch einen Gitterkorb zu begrenzen.

Fünfter Schritt: Wasserpflanzen setzen

Sind die Pflanzen der Seerosenzone gesetzt, kann mit dem Füllen des Teiches bis 20 cm unterhalb der Sumpfzone begonnen werden. Der endgültige Wasserstand lässt sich jetzt leicht absehen, was ein versehentliches zu tiefes oder zu seichtes Pflanzen verhindern hilft. Es ist nicht zu empfehlen, das Wasser sofort bis zum endgültigen Niveau einzulassen, da sonst beim Setzen zuviel Substrat aufgewirbelt wird. Die Trübung des Wassers ist zwar für den Teich an sich nicht weiter schlimm, doch beeinträchtigt sie bei den Pflanzarbeiten die Sicht.

Wie in einem Staudenbeet sollten Wasserpflanzen nur in Gruppen und nicht einzeln gesetzt werden. Am Besten teilen Sie vor dem Setzen alle Pflanzen grob in der Sumpf- und Flachwasserzone auf.

Dabei ist auf die Wüchsigkeit, Blütezeit, Farbe der Blüten und vor allem auf die unterschiedlichen Wasserstandstiefen zu achten. Um einen fließenden Übergang von der Flachwasser- zur Sumpfzone zu erreichen, wählen Sie am besten jene Pflanzen aus, die gegenüber unterschiedlichen Wasserständen toleranter sind. Strauß-Felberich *(Lysimachia thyrsiflora)*, Brennender Hahnenfuß *(Ranunculus flammula)* oder Sumpfschwertlilie *(Iris pseudacorus)* sind hierfür Beispiele.

Starkwüchsige Wasserpflanzen sollten nicht neben schwächerwüchsige gesetzt

Für einen Teich mit 40 m² Wasserfläche kann man etwa mit 70 bis 80 Stück Wasserpflanzen rechnen. Sollten Sie die gekauften Pflanzen nicht gleich setzen, empfiehlt es sich, sie mitsamt der Trage in den Töpfen in den Teich zu stellen oder im Schatten in wassergefüllten Wannen aufzubewahren.

Der Strauß-Felberich *(Lysimachia thyrsiflora)* wächst von der Sumpfzone ohne Wasserstand bis in Wassertiefen von 20 cm, gelegentlich wagt er sich aber noch weiter ins tiefere Wasser vor.

werden, da Überwucherung droht. Es ist hilfreich, den Teich vor dem Pflanzen in Bereiche zu untergliedern.

Nahe einer Brücke, neben einem Quellstein oder zwischen Trittsteinen eines Weges durch die Flachwasserzone sind klein bleibende und zurückhaltendere Wasserpflanzen zu bevorzugen.Sie überwuchern keine Details und verstellen nicht die Sicht.

Im Hintergrund können höher werdende und starkwüchsige Pflanzen verwendet werden. Ein grüner Vorhang aus Rohrkolben *(Typha latifolia)* kann bei größeren Teichen als Sichtschutz zum Nachbargrundstück dienen. Es gibt jedoch Arten wie das Schilf *(Phragmites australis)*, deren starker Ausbreitungsdrang sie für Gartenteiche ungeeignet macht. Sie würden andere Pflanzen binnen kurzer Zeit verdrängen.

Tipp

Schön blühende Wasserpflanzen sind für ein stabiles Gleichgewicht im Ökosystem Teich nicht genug. Gerade unscheinbare Gewächse wie Seggen (Carex-Arten), Aufrechter Igelkolben (Sparganium erectum) oder Binsen (Juncus-Arten) tragen neben Unterwasserpflanzen wie Hornkraut (Ceratophyllum demersum) und Tausendblatt (Myriophyllum spicatum) viel zur Reinhaltung des Wassers bei.

Naturnah angelegter Gartenteich in seinem siebenten Jahr

Der heimische Aufrechte Igelkolben (Sparganium erectum) ist für kleine Teiche nicht zu empfehlen, in großen Anlagen ist sein starkes Wachstum jedoch kein Problem.

Sechster Schritt: Ufergestaltung

Nach dem Pflanzen lässt man weiter Wasser ein, bis der endgültige Stand erreicht ist. Die Folie wird mit einem scharfen Messer (Stanleymesser) rundum mit etwa 5 cm Überlänge abgeschnitten, um eine direkte Verbindung zum umgebenden Boden zu vermeiden.

So kann das Wasser aus dem Teich nicht „herausgesogen" werden. Der durch die Kapillarwirkung der Erde verursachte Wasserverlust kann an heißen Tagen beträchtlich sein.

Sumpfschwertlilien (Iris pseudacorus) bilden eine eindrucksvolle Kulisse.

Die Folienränder werden abgedeckt, indem man den Schotter mit der Harke (dem Rechen) über den Folienrand hinauszieht. In den folgenden Jahren siedeln sich Moose und Gräser darauf an, und einige Sumpfpflanzen wachsen aus dem Teich ans „Festland". Solange Sie keine Probleme mit sinkendem Wasserspiegel haben, ist dieses allmähliche Verschwimmen der Grenzen begrüßenswert.

Flach wurzelnde Gehölze, Stauden und vor allem kriechende Bodendecker zapfen den Teich empfindlich an und müssen umgesetzt werden. Steine, knorrige Äste oder zum Beispiel eine Bronzefigur lockern die Uferlinie auf.

Wenn die Arbeiten am Teich abgeschlossen sind, kann die Erde rundum mit Fräse oder Spaten gelockert und mit Kompost verbessert werden. Gehölze, Blütenstauden, Zwiebel- und Knollenpflanzen machen den Teich bunter. Aufgewirbeltes Teichsubstrat trübt das Wasser nach dem Füllen, setzt sich aber nach zwei bis drei Tagen wieder am Boden ab. So klar, wie das Wasser nun ist, bleibt es meist nicht. Einzellige Algen können es rasch wieder trüben. Bis sich das ökologische Gleichgewicht eingependelt hat, kann es noch eine Weile

dauern. In dieser sensiblen Phase sollten Sie Ruhe bewahren. Ein Wasserwechsel wäre kontraproduktiv, denn der Zyklus würde wieder von vorne beginnen. Mikroorganismen und Wassertiere müssen sich erst ansiedeln und vermehren, die Pflanzen müssen zu wachsen beginnen. Es vergeht erfahrungsgemäß ein Monat oder sogar mehr, bis sich das Wasser wieder klärt.

► *Blütenstauden wie die Taglilie (Hemerocallis 'Bright Dancer') neben dem Felberich (Lysimachia punctata) am (trockenen) Ufer binden den Teich erst in den Garten ein.*

Algenpest und Gelsenbrut

Neuanlagen benötigen in den ersten Jahren besondere Aufmerksamkeit. Grüne Fadenalgen sind wohl in fast jedem Gartenteich zu finden, durch explosionsartige Vermehrung werden sie aber zur Plage. In neu angelegten Teichen sind die Pflanzen noch klein und entziehen dem Wasser kaum Nährstoffe. Schwimmblattpflanzen spenden wenig Schatten und Unterwasserpflanzen sind kaum gewachsen. Das ökologische Gleichgewicht hat sich noch nicht eingespielt.

Algen finden ideale Lebensbedingungen vor und vermehren sich vor allem in hartem Wasser in atemberaubender Schnelligkeit. Das Abfischen der hellgrünen Fadenalgen mit Hand, Rechen und Kescher wird einem nicht erspart bleiben. Vor chemischen Hilfsmitteln ist abzuraten. Wenn man in ein so komplexes System wie einen Teich eingreift, können auch die Folgen komplex und unvorhersehbar sein.

Schwimmblattpflanzen wie hier die Seekanne (Nymphoides peltata) mit ihren seerosenähnlichen aber viel kleineren Blättern und Unterwasserpflanzen wie Hornkraut (Ceratophyllum demersum) und Tausendblatt (Myriophyllum spicatum) tragen viel zur Algenvermeidung bei.

Stechmücken werden nicht zur Plage, wenn ihre natürlichen Feinde ihre Vermehrung hintanhalten. In bewegtem Wasser können sich ihre Larven nicht entwickeln. Übermäßiges Algenwachstum Jahr für Jahr ist ein Zeichen, dass beim Bau oder bei der Pflege der Anlage grundsätzliche Fehler passiert sind. Eine zu schmale Sumpf- und Flachwasserzone oder die falsche Wahl des Teichsubstrates lassen sich jetzt nur mehr schwer korrigieren. Andere Ursachen können relativ einfach behoben werden:

• Der Teich wird den ganzen Tag nicht beschattet, und das Wasser erwärmt sich übermäßig. Großsträucher oder Bäume sollten als Schattenspender gepflanzt werden.

• Manche Fische und Wasservögel wie Enten und Schwäne belasten kleinere Teiche durch ihre Ausscheidungen so sehr, dass ein permanentes Nährstoffüberangebot herrscht. Die beliebten Goldfische wühlen gerne im Schlamm und trüben das Wasser.

• Die Wasserpflanzen wollen sich nicht recht entwickeln. Bevor Sie mehr Teichsubstrat in den Wurzelbereich einbringen, kontrollieren Sie, ob die richtigen Wasserstände beim Setzen eingehalten wurden.

• Unterwasserpflanzen fehlen. Sie beziehen die Nährstoffe direkt aus dem Wasser und sind unmittelbare Konkurrenten der Algen.

• Liegt Ihr Teich am Hang? Durch Niederschläge herabfließendes Wasser führt sehr viele Nährstoffe mit sich, die in den Teich gelangen. Abzugsgräben oberhalb des Ufers leiten das Hangwasser seitlich am Teich vorbei.

• Technische Lösungen wie Umwälzpumpen oder Sauerstoffdüsen, Quellsteine und Bachläufe reichern das Wasser mit Sauerstoff an. Auch Filteranlagen werden in größeren Teichen eingebaut.

• Wenn gar nichts mehr hilft, greifen viele zu verschiedenen Wundermitteln, die im Kampf gegen die Algen das Blaue vom Himmel versprechen. Das beste Mittel ist aber immer noch, durch gute Planung und Information von Anfang an Fehler zu vermeiden.

Ein im Herbst über den Teich gespanntes Netz verhindert, dass sich Laub am Teichgrund sammelt, wo es im fauligen Schlamm zersetzt wird. Dieser Vorgang reichert das Wasser mit Nährstoffen an, was wiederum das Algenwachstum fördert.

Miniaturwassergärten

Nicht jeder hat einen großen Garten. Doch Oasen können auch auf kleinstem Raum entstehen, begrenzt von den Wänden einer alten Badewanne oder eines halbierten Holzfasses.

In der Stadt, in kleinen Innenhöfen oder auf Dachgärten ist es oft nur auf diese Weise möglich, einen Wassergarten anzulegen.

Vogeltränken

Ein Badeteich für Amsel, Rotschwanz oder Meise braucht nicht viel Platz.

Alte Töpfe, flache Schalen, sogar Mühlsteine kommen noch einmal zu neuen Ehren und eine öde Ecke im Garten wird plötzlich wieder interessant.

Auch eine „Pfütze auf Stützen“ kann ein ungewöhnlicher Blickfang in einem Beet sein.

Mit üppig wachsenden Stauden, frischgrünen Farnen, eleganten Gräsern und schön geformten Findlingen lässt sich eine Vogeltränke zu einer kleinen Oase erweitern.

Fünf Zentimeter Wasserstand sind genug, größere Kiesel können als Inseln zum Trocknen des Gefieders hineingelegt werden. Das Wasser muss oft gewechselt, das Gefäß dabei gesäubert und vor den ersten Frösten ganz entleert und abgedeckt werden.

Tipp

Wählen Sie den Ort sorgfältig aus, um die Tiere vom Fenster oder von einem Sitzplatz aus gut beobachten zu können. Auch Insekten oder Säugetiere wie der Igel schauen gelegentlich vorbei. Vögel lieben erhöhte Plätze, Bäume oder Mauern in der Nähe, um von dort prüfen zu können, „ob die Luft rein ist“. Von einer Hecke aber sollte die Tränke einigen Abstand haben, denn sonst hat die Katze ein allzu leichtes Spiel.

Ein Pflaster rundherum, einfach in ein Sandbett verlegt, lässt das beim Baden verspritzte Wasser rasch versickern. Für das Pflaster wurde hier ein ähnlicher Granit verwendet wie jener, aus dem der Mühlstein gearbeitet ist.

Miniaturteich im Trog

Kleine Wasserbecken müssen im Auge behalten werden. Diese intensive Aufmerksamkeit schärft den Blick für Nuancen und Feinheiten. Nicht immer steht Platznot hinter der Entscheidung, eine „Wasserwelt“ im Miniaturformat zu errichten. Oft ist dies die richtige Lösung für Orte, an denen man sich häufig aufhält, viel Zeit verbringt und Muße für Details hat. Die geringe Wassermenge bewirkt, dass sich das Wasser stark erwärmt. Algen sind die Folge. Langsames Wachstum bestimmt neben der Wassertiefe die Auswahl an geeigne-

ten Pflanzen. Was zu viel wird, muss immer wieder geteilt und entfernt werden. Besonders wichtig für kleine Becken sind Unterwasserpflanzen, die das Wasser mit Sauerstoff anreichern und Seerosen oder schwimmende Pflanzen, die mit ihren Blättern Schatten spenden, das Wasser kühlen und den Algenwuchs eindämmen.

Jeder Nährstoffeintrag muss vermieden werden. Wurden die Pflanzen in Pflanzgitterkörbe gesetzt, so ist ihr Nährstoffvorrat automatisch begrenzt. Im Herbst können sie leicht wieder herausge-

Die schwimmende Wasserhyazinthe (Eichhornia crassipes) entnimmt ihre Nährstoffe dem Wasser und entzieht damit Algen die Lebensgrundlage. Auch mit wärmerem Wasser hat die tropische Pflanze kein Problem.

nommen werden. Ausserdem lassen sich Körbe im Becken gut auf Ziegel stellen, und so können auch auf kleinstem Raum verschieden hohe Wasserstände einfach erreicht werden. Mit Kieselsteinen oder Ästen kann man sie so lange verdecken, bis Seerosen oder schwimmende Pflanzen die Wasseroberfläche zuwachsen.

Tröge, Fässer, Badewannen
Alte Futtertröge aus Granit haben heute ihren stolzen Preis. Die raue Oberfläche, die massiven Wände und ihr sichtbares Alter verleihen dem Wasser darin einen besonderen Charakter.

Leider sind sie nicht immer wasserdicht – eine Dichtheitsprobe gibt Gewissheit. Fällt sie negativ aus, so können die altehrwürdigen Tröge mit Sträuchern, Stauden oder Sommerblumen bepflanzt werden. Auch eine Abdichtung mit Teichfolie ist möglich.

Im Handel sind auch allerlei neue Tröge aus Stein, Beton oder Keramik erhältlich.

Die Zwergseerose Nymphaea x helvola (Syn. N. 'Pygmaea Helvola') ist schwachwüchsig und daher für kleine Becken oder Gefäße empfehlenswert. Sie blüht gelb – eine seltenere Farbe unter den Seerosen.

Tipp

Ein stabiles ökologisches Gleichgewicht lässt sich in kleinen Trögen kaum verwirklichen. Man muss sich meist mit zu nährstoffreichem, warmem Wasser und Algen plagen. Probleme mit der Wasserqualität ergeben sich jedoch nur, wenn man eine freie Wasserfläche anstrebt. In Sumpfbeeten ohne Wasserstand, aber mit ständig feuchter Erde, hat man diese Sorgen nicht und kann herrliche Sumpfpflanzen oder auch ausgesprochene Moorbewohner darin halten.

Holzgefäße, egal ob es sich um Bottiche, halbe Wein- oder Bierfässer oder ausgehöhlte Baumstämme handelt, halten im Garten nicht ewig.

Ihre Lebensdauer lässt sich verlängern, wenn eine Schicht aus Schotter oder ein Pflaster unter den Gefäßen verhindert, dass Feuchtigkeit von der Erde aufsteigt.

Mehrere Fässer nebeneinander bieten die Möglichkeit, verschiedene Akzente zu setzen. Zum Beispiel ein Fass mit Seerosen, eines mit Wasserpflanzen wie Hechtkraut, Sumpfkalla (Calla palustris) und Kleiner Rohrkolben und eines, in dem auch tropische Pflanzen wie Zypergras (Cyperus alternifolius) und Wasserhyazinthe Platz finden. Denken Sie auf Balkonen, Dachgärten und Terrassen immer an das Gewicht großer, wassergefüllter Becken!

Überwinterung ohne Risiko

Haben Sie ein Gefäß aus Holz, Stein, Beton oder Keramik, kann es aufgrund der Ausdehnung des Eises springen oder rissig werden. Dagegen hilft ein halb untergetauchter Styroporblock, der als Puffer dient.

Um besonders wertvolle Stücke sicher über den Winter zu bringen, gibt es zwei Möglichkeiten: Entweder Sie tragen, schieben, rollen den „Teich" ins Haus an einen ungeheizten, aber frostfreien, hellen Ort. Oder Sie müssen das Becken ganz entleeren, säubern, abdecken und die Pflanzen in Kübeln oder großen Kunststofftrögen

Gefäße aus rostfreiem Metall, wie zum Beispiel verzinkte, altmodische Sitzbadewannen, können originell wirken, vielleicht als Lösung auf Zeit, für zwei Seerosen und einen Sommer.

lagern. Für pflanzliches und tierisches Leben ist das die denkbar schlechteste Variante.

Winterharte Sumpfpflanzen können im Freien durchfrieren, ohne Schaden zu nehmen. Lassen Sie möglichst viel Teichboden rund um die Wurzeln im Kübel, wenn nicht ohnehin in Gitterkörbe gepflanzt wurde. Seerosen und alle nicht winterharten Pflanzen müssen aus einem frei stehenden Trog auf jeden Fall entfernt und im wassergefüllten Kübel frostfrei gelagert werden.

Exotische Schönheiten

Gerade bei einem Miniaturwassergarten, der ohnehin eingewintert wird, hat man mit frostempfindlichen Pflanzen keine zusätzliche Mühe.

Pflanzen aus den Tropen und Subtropen wie Wasserhyazinthe, Wassersalat, Feenmoos *(Azolla caroliniana)* und Schwimmfarn benötigen allerdings einen sehr hellen Platz im warmen Zimmer oder sogar Zusatzbeleuchtung. Es wird nicht immer gelingen, diese Pflanzen über den Winter zu bringen, oft ist es einfacher, nach den Eisheiligen neue Pflanzen zu kaufen.

TIPP

Auf so engem Raum, wo jedes Detail zählt, kommen auch edle Gefäße, schöne bunte Kiesel, gesammelte Stücke von Strandwanderungen oder andere liebenswerte Dinge gut zur Geltung, die sich in einem großen Teich verlieren würden.

Gemauerte Becken

Brunnenringe aus Beton werden gerne frei stehend oder in die Erde versenkt als Gefäß für einen kleinen Teich verwendet. Schöner als der nackte Beton ist eine Verkleidung mit kleinen Pflastersteinen, wobei es eigentlich reicht, nur auf der oberen, sichtbaren Hälfte mit Steinen zu arbeiten.

Der untere Teil wird in derselben Stärke geschalt und betoniert.

Eine Abdichtung mit Teichfolie ist nicht notwendig.

Schritt 1: Ein mit Boden versehener Betonring (im Handel erhältlich) mit 90 cm Durchmesser und 50 cm Höhe wird so tief eingegraben, dass sein oberer Rand 5 cm über dem Erdniveau liegt. Mit der Wasserwaage in exakt horizontale Lage bringen. Unten ist die Schalung aus Hartfaserplatte und der Beton zu sehen.

Schritt 2: Auf diese Betonschichte werden die Pflastersteine (hier Südtiroler Porphyr 6/8) in Magerbeton (Sand zu Zement 3:1) gelegt und verfugt. Eine Doppelreihe bildet nach der hier angefangenen Schar den Abschluss. Mit Wasser und Schwamm muss jeder Stein sofort gesäubert werden, damit nach dem Abbinden keine Zementschleier bleiben. Immer mit der Wasserwaage die horizontale Lage kontrollieren!

Schritt 3: Die Wasserpflanzen werden gemeinsam in einen großen Korb gepflanzt. Eine Zwergseerose *(Nymphaea tetragona)* und die Asiatische Sumpfschwertlilie *(Iris laevigata)* werden von einigen Wasserpflanzen und zwei verschiedenen Unterwasserpflanzen ergänzt.

Das fertige Becken wird mit Figuren, runden Steinen aus demselben rötlichen Porphyr, Natursteinpflaster, einem alten Mühlstein, so vorhanden, und einer schönen Bepflanzung rundum vollendet.

Empfehlenswerte Pflanzen für kleine Becken an sonnigem Standort

Name	Wasserstand über Wurzeln in cm	mittlere Höhe in cm	Bemerkungen
Asiatische Sumpfschwertlilie *Iris laevigata*	0–20	70	auch Sorten in weiß, rosa, und weiß-blau, große Blüten, lange Blütezeit durch einzelne Nachblüten
Hechtkraut *Pontederia cordata*	30	60	bringt die Farbe Blau ins Spiel, nicht ganz winterhart, später Austrieb, mächtiger Wuchs, daher nur 1 Pflanze pro Trog setzen
Kleiner Rohrkolben *Typha minima*	5–10	60	kugelige, braune, nicht sehr lange haltbare Fruchtstände, liebt kalkhaltiges Substrat
Pfeilkraut *Sagittaria sagittifolia*		-50	bei Entleerung des Beckens die knolligen Überwinterungsorgane im Keller mit Schlamm und Wasser überwintern
Pfennigkraut *Lysimachia nummularia*	0–10	5	sehr flexibel: wächst auch über den Rand des Gefäßes herab, übersteht kürzere „Überschwemmungen“ und wächst sogar in normalem Gartenboden
Sumpfdotterblume *Caltha palustris* 'Multiplex'	0–5	20	gefüllte Blüten im Frühling, für kleinste Gefäße oder Schalen geeignet
Schwanenblume *Butomus umbellatus*	10–35	80	liebt nährstoffreichen Boden bei nicht zu starkem Wuchs, für große Tröge wunderschön

Seerosen und schwimmende Pflanzen

Name	Bemerkungen
Froschbiss *Hydrocharis morsus-ranae*	weiße Blüten, Bestand ev. dezimieren, bei Entleerung des Beckens Winterknospen aus Schlamm herausholen und in Wasser im Keller überwintern
Halb-Zwergseerose *Nymphaea*	'Laydekeri Lilacea', 20–60 cm Wasserstand, schwachwüchsige Sorte „normaler“ Seerosen, rosa Blüten
Schwimmfarn *Salvinia natans*	gut zum Schattieren in sehr sonniger Lage und als Nährstoffausfilterer, bei Überhandnehmen einfach abfischen, nicht winterhart (subtropisch)
Wasserhyazinthe *Eichhornia crassipes*	tropische Pflanze mit wunderschöner Blüte, ab Mitte Mai aufs Wasser legen, warm und hell überwintern oder neu kaufen
Wassernuss *Trapa natans*	einjährig, mit schwimmender Blattrosette, liebt warmes, nährstoffreiches Wasser, schöne Herbstfärbung
Wassersalat *Pistia stratiotes*	tropische Pflanze, ab Mitte Mai aufs Wasser legen, bei Überhandnehmen einige Rosetten herausnehmen, warm und hell überwintern oder neu kaufen
Zwergseerose *Nymphaea tetragona*	10–20 cm Wasserstand, frostfrei überwintern, sehr schwachswüchsig, daher für kleinste Becken ideal, weiße Blüte
Zwergseerose *Nymphaea x helvola*	10–30 cm Wasserstand, frostfrei überwintern, für kleinste Becken ideal, hellgelbe Blüten mit 3–6 cm Durchmesser

Unterwasserpflanzen

Name	Bemerkungen
Hornkraut *Ceratophyllum demersum*	nach dem Kauf nur ins Wasser werfen, bei Überhandnehmen einige herausfischen
Nadelsimse *Eleocharis acicularis*	wächst am Boden wie ein Rasen, ideal, wenn die anderen Pflanzen statt in Gitterkörbe in loses Teichsubstrat am Gefäßgrund gesetzt wurden, kann wuchern
Wasserschlauch *Utricularia vulgaris*	Insekten fressende Pflanze, liebt warmes Wasser, gelbe Blüten ragen aus dem Wasser, verträgt keine Konkurrenz durch andere Unterwasserpflanzen oder Algen

Bachlauf und Wasserfall

Ob es sich zwischen Moospölstern, Kieseln und Wurzeln den Hang hinunterschlängelt oder als klarer Fall über eine Teichkante kippt – überall, wo Wasser in Fluss kommt, gerät es zur Attraktion.

Bäche und Wasserfälle sind die natürlichste Form, das Wasser dem freien Spiel der Kräfte zu überlassen.

Natürliche Vorbilder

Wirklich gelungen ist ein Bachlauf oder Wasserfall dann, wenn Besucher nicht merken, dass er künstlich angelegt wurde.

Nicht nur Folie, Pumpe und Ursprung sind optimal kaschiert worden, auch die Anordnung der Steine im Bachbett und die Begleitbepflanzung wurden dann so gestaltet, dass sie einem natürlichen Bach sehr nahe kommen. Bäche in der Natur verändern sich und suchen immer neue Wege. Die enorme Kraft des Wassers, die Steine formt oder beiseite schiebt, wird sichtbar. Einen derart freien, lebendigen und dynamischen Prozess kann man im Garten nur schwer nachvollziehen. Mit Moos besiedelte Steine und Äste ragen aus dem Wasser und bilden kleine, grüne Inseln, da plätschert Wasser über Steinstufen oder schlängelt sich durch ein Bett aus buntem Kiesel. Farne, Gräser und Blumen säumen die Ränder. In der Natur gibt es unendlich viele Motive und Varianten, und keine gleicht der anderen. Alles, was hier so spielerisch und leicht aussieht, erfordert jedoch viel Erfahrung, Geduld, technisches Know-how und Geschicklichkeit, will man sich ähnliches in seinen Garten zaubern.

Ob rauschender Gebirgsbach oder ruhig dahinfließender Wiesenbach: die Frage des richtigen Gesteinsmaterials stellt sich in der Natur nicht. Das Vorgefundene wird

Golden leuchtet der Steinbrech in der Morgensonne. Die sattgrünen Gräser am Rande des Quellbaches sind gut genährt. Während in der Natur Feuchtwiesen seine Ufer begleiten, verläuft im Garten eine scharfe Trennlinie: die Folienkante.

geformt. Im Garten muss man sich entscheiden. Soll man eher kantige Blöcke oder runde Findlinge verwenden?

Bei einer sanft geneigten Wiese passen runde Steine und viel Schotter oft besser als kantige Blöcke. Hat man ein steileres Gelände zur Verfügung, schaffen kantige Steine eine raue, schroffere Atmosphäre, die an einen Gebirgsbach erinnert. Regenfälle und Schneeschmelze bestimmen in der Natur, ob ein Bach viel oder wenig Wasser führt. Mit einer Pumpe, deren Leistung regulierbar ist, kann durch Experimentieren herausgefunden werden, ob der Bach im Garten mit viel oder weniger Wasser besser aussieht. Ein „Hochwasser“ führender Bach wirkt im Garten ebenso seltsam wie ein dünnes Rinnsal im großzügig angelegten Bett.

► *Erst sich üppig entwickelnde Stauden und Gehölze entlang eines Bachlaufes lassen ihn natürlich wirken. Zwergpurpurweide (Salix purpurea 'Gracilis'), Riesenseggen (Carex pendula) und dauerblühende Gauklerblumen (Mimulus luteus) sind ein Beispiel für gelungene Bepflanzung.*

Bachlauf im Garten

Ob sich ein Bach mit Getöse hinunterstürzt oder gemächlich dahinschlängelt, hängt in erster Linie von den Geländeverhältnissen ab. Je größer das Gefälle, desto lauter das Rauschen, Plätschern und Glucksen. Wird ein Bachlauf mit einem Teich kombiniert, so kann die beim Aushub anfallende Erde gleich zum Modellieren eines Hügels verwendet werden.

Für das künftige Bachbett ist es wichtig, den Hang nicht in einem gleichmäßigen Gefälle verlaufen zu lassen, sondern verschiedene Plateaus und Höhenstufen einzubauen. So verhindern Sie, dass der Bach zu einem monotonen Treppenlauf wird. Ein Anstauen des Wassers in flachen Bereichen zwischen den Überläufen bringt Abwechslung. Kleine Wasserfälle und Kaskaden bilden einen spannungsvollen Gegensatz zu ruhigeren Passagen.

Wie in der Natur sollte das Bachbett aus eigener Kraft entstanden wirken. Bäche, in ein gerades Korsett gezwängt, wirken ebenso gekünstelt wie all zu viele Kurven oder abrupte Richtungsänderungen, denn Wasser sucht sich immer den einfachsten Weg.

Überlaufsteine müssen sorgfältig ausgewählt werden, damit das Wasser auch an der Stelle darüberfließt, wo man es haben möchte. Wurzeln, knorrige Äste und Steine im Bachbett erzeugen kleine Wirbel, die den allzu geraden Fluss des Wasserlaufes etwas auflockern.

Auch wenn der Bach mit nur einer Folienbahn gebaut werden kann, lohnt sich doch der Mehraufwand, an flacheren Stellen eine zweite Bahn anzuschweißen. So hat man in der Breite mehr Spielraum und kann ein tieferes Becken mit ruhigeren Randzonen schaffen, in dem sich auch Sumpfpflanzen gut entwickeln können.

Dort, wo der Bach seinen Lauf beginnt, kann ein kleines Becken eingeplant und die Folie verbreitert werden.

Als Ursprung wird häufig ein Quellstein verwendet, doch reicht es aus, wenn das obere Ende des Schlauches geschickt zwischen Steinen versteckt eine natürliche Quelle imitiert.

Wer beim Bau des Bachlaufes unterschiedliche Wassertiefen einplant, hat auch mehr Auswahlmöglichkeit bei der Bepflanzung.

Bau eines Bachlaufes

Bachbett graben

Oft gerät eine Treppe beim Aushub zu flach oder eine Kurve zu eng. Technische Details, die noch während des Grabens Kopfzerbrechen bereiten, verschwinden unter der Folie und sind im späteren Bachlauf nicht mehr sichtbar.

Deswegen reicht es, eingangs nur das Bachbett grob auszuheben und von Wurzeln und Steinen zu säubern.

Abdichten und mauern

Nach Schutzvlies und Folie kann mit dem Verlegen der Überlauf-Steine ins Mörtelbett (Sand mit einer Körnung von 0–8 mm zu Zement im Verhältnis 3:1) begonnen werden. Wie beim Treppenbau wird von unten nach oben, also von der Mündung zur Quelle, gearbeitet. Es ist sinnvoll, die Steine zunächst nach ihren Eigenschaften zu sortieren. Nicht alle sind im Bachlauf gleich gut zu verwenden, und die Schönheit der Anlage hängt vor allem von den ausgesuchten Steinen ab. Für kleinere Wasserfälle eignen sich besonders Steine, die flach sind oder eine kleine Rinne in der Mitte haben. Sie werden an den Stufenkanten mit einer leichten Neigung nach vorne eingebaut. Wichtig bei solchen Überläufen ist es, die Folie etwas hochzuziehen (siehe Skizze) und die Steine gut mit Mörtel rundum abzudichten, damit sich das Wasser nicht an der Seite „vorbeimogeln“

Der Bach kann in ein kleines Becken oder einen Teich münden, in dem auch die Unterwasserpumpe Platz findet. Ein einzölliger Spiralschlauch (kleine Durchmesser erhöhen den Druckverlust!), der durch einen lösbaren Bajonettverschluss mit der Pumpe verbunden wird, führt außerhalb des Bachlaufes zu seinem Ursprung, der zu einem Anstaubecken erweitert ist.

kann. Wasserwaage und vorsichtige Probeläufe mit der Gießkanne sind dabei unerlässlich, vermeiden Sie aber ein Auswaschen des Betons.

Ausprobieren

Je nach Höhenunterschied, Länge des Bachlaufes und wohl auch Geschmack des Gestalters muss die Pumpe in ihrer Leistung (40–200 Watt) dimensioniert sein. Der mit Spannung erwartete Probelauf kann frühestens am nächsten Tag erfolgen, da der Beton soweit ausgehärtet sein muss, dass er nicht mehr ausgewaschen werden kann.

Ränder gestalten

Nach dem Auskleiden des Bachbettes mit Schotter, Findlingen, aber auch Ästen und Wurzeln wird die Folie mit einem scharfen Messer (Stanleymesser) und etwa 5–10 cm Überstand abgeschnitten. Um zu vermeiden, dass die Folie zu kurz gerät, sollte der Bachlauf dabei eingeschaltet sein. So sehen Sie den Wasserstand genau und können die Folie dort länger lassen, wo Spritzwasser (etwa direkt unter einem Wasserfall) verloren gehen würde. Die Erde an den Bachrändern muss verdichtet oder besser mit Beton und Steinen befestigt werden, um ein Auslaufen durch nachträgliche Senkungen des frisch geschütteten Materials zu verhindern.

TIPP

Bedenken Sie, dass ein langer Bachlauf viel Wasser benötigt, sodass das Sammelbecken auch größer dimensioniert werden muss. Jedes Abschalten würde das Becken sonst zum Überlaufen bringen. Ein Teich ist hier wohl die optimale Lösung. Auch sollte der Wasserstand besonders in den Sommermonaten wegen der höheren Verdunstung regelmäßig kontrolliert werden.

Eine Natursteinmauer an einem Teich bietet die Möglichkeit, Wasser von hohen Klippen zu stürzen.

An frisch aufgeschütteten Hängen ist es besser, die Folie an den Rändern mit Steinen und Magerbeton zu befestigen. Der Quellstein als Ursprung liegt an der Terrassenkante direkt neben dem zukünftigen Sitzplatz.

Pflanzen im Bachbett

Wenn der Bach im Winter abgeschaltet bleibt, friert die dünne Pflanzsubstratschicht ganz durch. Bäche mit stärkerer Strömung sind schwierig zu begrünen, weil die Pflanzen nur ungenügend Halt finden. Es gibt nicht viele Wasserpflanzen, die unter diesen Bedingungen gut gedeihen. Pfennigkraut *(Lysimachia nummularia)* und Gauklerblume *(Mimulus luteus)* sind robuste Stauden, die dafür verwendet werden können. Ein kleines, zu einem Staubecken verbreitertes Bachbett, wo sich das Wasser auch nach Abschalten der Pumpe hält, kann mit niedrig bleibenden Uferstauden wie Binsen *(Juncus*-Arten*)*, Sumpfdotterblumen *(Caltha palustris)* und Seggen (*Carex*-Arten*)* bepflanzt werden. Umso wichtiger ist es, außerhalb der Folie die geeigneten Begleitpflanzen zu setzen. Im Kapitel „Einbindung in den Garten“ stellen wir Ihnen eine Auswahl an Arten vor.

Das Arbeiten mit Stein und Wasser hat in Japan und China lange Tradition. Was hier vor allem fasziniert, ist die Verschmelzung von Natur und kunsthandwerklicher Perfektion.

Schwimmteiche

Ins Wasser hüpfen wie ein Frosch, schwimmen wie ein Fisch, abtauchen wie eine Kaulquappe, auf dem Wasser schaukeln wie ein Seerosenblatt, am Ufer in der Sonne liegen wie eine Eidechse … warum sich nicht ein Pool teilen?

Eine gute Idee

Wer das Baden nicht nur Vögeln oder Fröschen überlassen möchte, der kann statt eines gewöhnlichen Teiches einen Schwimmteich anlegen und vertraut damit den natürlichen Kreisläufen im Ökosystem Teich.

Ein Schwimmteich besteht immer aus zwei Teilen: einem Schwimmbereich, der durch ausreichende Tiefe und Größe an einen Pool erinnert, und einer mindestens ebenso großen Regenerationszone. Hier wurzeln Pflanzen, die dem Wasser Nährstoffe entziehen und es mit Hilfe zahlreicher Mikroorganismen auf biologische Weise rein halten. Beide Teile bilden einen gemeinsamen Wasserkörper, obwohl der Schwimmbereich durch bauliche Maßnahmen vom sensiblen, bepflanzten Teil abgeschirmt ist.

Natürlich gibt es Überschneidungen: Wasserläufer oder Seerosenblätter machen nicht an der Grenze halt und Wege, Stege oder vorwitzige Kinderfüße können die Regenerationszone durchqueren.

Baden stellt für das Wasser eine Belastung dar. Damit die Selbstreinigungskräfte nicht überfordert werden, bedarf es einer Mindestgröße von etwa 70 m² Wasserfläche.

Die Hälfte davon benötigt man für die Regenerationszone, die andere kann zum

Zwei Teile – ein Ganzes: der Schwimmteich

TIPP

Bevor Sie sich Ihren Schwimmteich selbst bauen oder bauen lassen, sollten Sie einige Anlagen besichtigen oder besser noch darin baden. So wissen Sie gleich, was Sie erwartet und hegen keine falschen Vorstellungen.

Wer doch lieber im glasklaren, blauen Wasser seine Runden drehen und dabei weder auf Pflanze noch Tier stoßen möchte, wäre mit einem „natürlichen“ Schwimmteich nicht gut beraten.

Schwimmen (z.B. ein Becken von 7 x 5 m) genutzt werden.

Je größer ein Schwimmteich, desto weniger störanfällig ist das System und desto weniger Probleme mit Algen und unzureichender Wasserqualität.

Ein technisches Naturprodukt

Bei aller Natürlichkeit, die ein Schwimmteich ausstrahlt, ist er doch eine Anlage, die nur mit einigem technischen Aufwand zu bauen ist. Die vergangenen zwei Jahrzehnte haben eine Vielzahl an Bauweisen hervorgebracht, die sich vor allem in der Art der Trennung zwischen Schwimmbereich und Regenerationszone unterscheiden.

Heute werden Schwimmteiche oft mit ähnlich viel Technik ausgestattet wie Swimmingpools – abgesehen natürlich von jeglichen chemischen Zusätzen.

Dazu zählen Oberflächenskimmer, automatische Nachfüllanlage für einen konstanten Wasserstand, Wasserumwälzung, Gegenstromanlage für sportliche Herausforderungen, Sauerstoffdüsen, spezielle Filteranlagen, Unterwasserbeleuchtung und so weiter.

Im Grunde funktioniert ein Schwimmteich, wenn er richtig gebaut wurde, aber auch ohne jede Technik.

Umbau eines alten Pools

Oft sieht man alte, ungenutzte Schwimmbecken leer stehen. Als Schwimmteich umgebaut bringen sie neues Leben in den alten Garten. Die Mauerkante wird an einer oder an mehreren Seiten etwas niedriger gesetzt, oder man schüttet das Gelände rund um das Pool an.

Zu bedenken ist aber, dass es sich eigentlich um eine Erweiterung handelt, denn es kommt noch einmal soviel Wasserfläche für die Regenerationszone hinzu. Auch wird man meist um eine komplette Neuabdichtung nicht herumkommen.

Die Folienabdichtung eines Schwimmteiches unterscheidet sich außer im größeren Bedarf nicht von jener eines Gartenteiches (siehe Seite 18). Es sollten trotz der höheren Kosten nur qualitativ hochwertige Planen mit mindestens 1,2 mm Stärke verwendet werden. Die Sanierung eines Schwimmteiches mit undichter Folie kann jene teuer zu stehen kommen, die hier sparen wollten.

Rund ums Baden

Ins Wasser springen, eine Runde schwimmen, wieder zurück zum Steg oder ans andere Ufer und dort hinaussteigen?

Vor dem Bau müssen Fragen wie die Anzahl der Zugänge zum Schwimmteich, die Größe und Lage der Plätze zum Liegen, Sonnen und Faulenzen und weitere gewünschte Details wohl überlegt werden.

Hinein ins Wasser

Die gebräuchlichste Form ins Wasser zu steigen ist die Leiter oder Holztreppe am Badesteg. Die Sprossen können aus geriffelten Brettern gebaut oder mit genoppten

Kunststoffmatten oder Bürstenstreifen ein wenig sicherer gemacht werden, denn auf allen unter Wasser liegenden Flächen bildet sich bald ein extrem rutschiger Belag.

Aus demselben Grund sollten Steintreppen, die eine schöne Alternative zum Holzeinstieg sein können, nur aus Blöcken mit besonders griffiger Oberfläche gebaut werden.

Rutschen und andere dynamische Einstiegsmöglichkeiten sind nur in größeren Teichen möglich, wo wellenempfindliche Pflanzen genügend Abstand halten können.

Ein „Strand" in Form eines sehr flachen Ufers (mind. 1:3 Böschungsverhältnis) braucht ebenfalls viel Platz.

An Land gehen

Quellsteine, große Findlingsblöcke oder ganze Baumstämme und Wurzelstöcke lockern die Uferlinie auf und schaffen Lebensräume für Tiere und unerschöpfliche Spielmöglichkeiten für Kinder.

Ein Badesteg kann durch eine Pergola beschattet und durch einen bepflanzten Erdwall

Ein fünf Jahre alter Schwimmteich. Die Trennung aus Vliessäcken fällt nicht mehr auf.

oder eine Trockenmauer gegen Wind, neugierige Blicke oder Straßenlärm geschützt werden.

Badehäuschen, Dusche, Grillplatz, Tisch, Bank und Liegestuhl machen aus einem einfachen Steg einen Ort, an dem man auch gerne einmal einen ganzen Tag verbringt.

Planschbecken

Das flache Wasser in den Spielzonen eines Schwimmteiches bietet genug Möglichkeiten zum Planschen und erwärmt sich rasch. Eine dicke Schicht Schotter verhindert, dass die Folie beschädigt wird. Größere Steine, Baumstämme, flache Sitz- und Tischsteine, ein sprudelnder Quellstein oder ein Bachlauf, der hier mündet, steigern die Attraktivität.

Die Bepflanzung muss sich im Wesentlichen auf wenige, robuste Arten wie Igelkolben *(Sparganium erectum)*, Wiesensegge *(Carex nigra)* und Langes Zypergras *(Cyperus longus)* beschränken. Achten Sie auf eine sichere Barriere zum tieferen Wasser.

Sicherheit

Kinder sollten nie unbeaufsichtigt in der Nähe von Teichen spielen.

Beim Spielen und auf der Suche nach Abenteuern stellt selbst ein Zaun für sie kein unüberwindliches Hindernis dar.

Auch wenn Ihre Kinder sich sicher im Wasser bewegen können, müssen Sie doch an Gäste oder an fremde Kinder denken, die sich vielleicht in Ihrer Abwesenheit bis zum Teich vorwagen.

TIPP

Stehzonen im Ein- und Ausstiegsbereich sind bei tiefen Becken für Kinder eine große Hilfe. Sie können aus Vliessäcken oder großen Steinblöcken einen Wall am Teichboden aufschichten und mit Schotter zu einer ebenen Fläche füllen oder ein Holzplateau einziehen. Wie in der Nichtschwimmerzone der Freibäder sollte die Tiefe etwa 1–1,20 m betragen.

Im Wasser verwendete elektrische Installationen wie Pumpen, Beleuchtung usw. müssen immer sicherheitsgeprüft sein und dürfen nur mit Niederspannung (12 V oder 24 V) betrieben werden. Links der Transformator, der die Netzspannung herabsetzt, rechts daneben die Unterwasserpumpe für den Quellstein am Rand des Schwimmteiches.

Verschiedene Systeme

Allen Schwimmteichen ist trotz der unterschiedlichsten Bauweisen der Aufbau aus Schwimmbereich und Regenerationszone gemeinsam. Die einfachste Art, die beiden Zonen zu trennen, ist ein Erdwall rund um den Schwimmbereich. Für kleine Gärten kommt diese Methode aus Platzgründen nicht in Frage. Aus der Vielfalt an weiteren Bauweisen wollen wir Ihnen einige Systeme vorstellen, mit denen wir gute Erfahrungen gemacht haben:

Mit 10 cm dicken Lärchenkanthölzern, die durch ein verzinktes Eisengewinde miteinander verbunden sind, wird auf der Folie ein Holzkasten aufgestellt und mit grobem Schotter hinterfüllt. Unter Wasser verwendetes Holz ist gut haltbar und damit eine natürliche Alternative zu einem betonierten Becken.

Normblockstufen haben genug Eigengewicht und müssen daher nicht ins Mörtelbett, sondern können einfach „trocken" verlegt werden. Wie bei der Methode mit den Vliessäcken (auch Holzkasten) lagert sich auch hier leicht Schlamm an den Böschungen rund um den Schwimmbereich ab, was einen höheren Pflegeaufwand bedeutet.

Die auf die Folie gemauerte Abgrenzung durch große Granitpflastersteine hält Schotter und Substrat in der Pflanzenzone. Eine einfache, ungewöhnliche und zugleich schöne Lösung.

Bausteine aus geschäumtem Kunststoff sind federleicht. Ein Becken lässt sich mühelos an einem Vormittag aufstellen und wird wie Schalsteine mit Beton gefüllt. Nach dem Aushärten folgt die Abdichtung mit Schutzvlies und Folie.

Pflege

Offene, kleine Wasserflächen in der Größe von Tümpeln oder (Schwimm)teichen stellen in der freien Natur nur ein Übergangsstadium dar. Pflanzen wachsen vom Rand her die Wasserfläche zu, am Grund sammeln sich Schlamm und organisches Material und die Verlandung schreitet immer weiter voran. Auch ein künstlich angelegter Teich unterliegt diesen Bedingungen.

Ein Becken aus einer Beton-Schalsteinmauer muss nicht immer viereckig sein, auch wenn diese Form am häufigsten gewählt wird. Die größtmögliche Nutzung des Schwimmbereiches macht diese Methode auch für kleinere Anlagen interessant. Nach dem Füllen der Mauer mit Beton erfolgt die Abdichtung. Durch die faltenlosen, senkrechten Wände setzt sich der Schlamm nur am Boden ab und ist vom Beckenrand aus leicht zu entfernen.

Die Trennung zwischen Schwimmbereich und Regenerationszone wird durch eine oder mehrere Lagen Vliessäcke auf der Geländekante erreicht, die mit Schotter gefüllt sind. Man ist an keine Form gebunden und kann geschwungene Trennlinien als Gestaltungsmittel einsetzen. Die Böschungen zum Schwimmbereich dürfen nicht zu steil gegraben werden.

Wer den Schwimmteich nicht ausschließlich gebaut hat, um die natürliche Sukzession eines kleinen Gewässers im eigenen Garten studieren zu können, muss diesen Kräften entgegenwirken.

Die wichtigsten Maßnahmen sind das Dezimieren der überhand nehmenden Pflanzen und das Entfernen des Schlammes vom Boden des Schwimmbereiches. Mit einer Absaugpumpe wird der Boden einmal jährlich gereinigt.

Bei Anlagen mit gemauerten, begehbaren Trennwänden ist diese Arbeit leichter durchzuführen als vom Holzsteg oder von der Regenerationszone aus. Unterwassersauger können auch geliehen werden, außerdem bieten viele Gartengestaltungsfirmen „Teichservice“ an.

Alle anderen Pflegemaßnahmen dienen wie beim Gartenteich vor allem der Erhaltung der Wasserqualität: Algen abfischen, abgestorbene Pflanzenteile entfernen, Wasser nachfüllen.

Spielereien mit Wasser

Tröpfeln von Stein zu Stein, langsames Rinnen oder blitzschnelles Stürzen, Räder bewegen und Laute erzeugen – aufgestaut oder fließend – Wasser fasziniert.

Quellsteine

Wasser macht Musik. An heißen Sommertagen und in der Stille warmer Nächte, durchs offene Fenster, ist das Sprudeln und Glucksen eine angenehm kühlende Melodie.

Neben der Form des Steines entscheidet auch die Pumpenleistung, ob es leise murmelt oder geräuschvoll plätschert. Durch die stete Bewegung wird das Wasser mit Sauerstoff angereichert. Gelsenlarven können sich in diesem Wellenbad nicht entwickeln.

Sehr schön sind natürlich belassene Flusssteine, die von der Strömung ausgewaschen und geformt wurden. Sie verlangen geradezu nach Wasser, das sie umspielt und ihre Formen und Farben erst hervorzaubert.

Ein Quellstein lässt sich gut als Ursprung eines Bachlaufes verwenden. In Teichen oder Schwimmteichen ist er ein markanter Punkt und verbessert zudem die Wasserqualität.

Quellstein im Kiesbeet

Quellsteine, alte Mühl- oder Schleifsteine, unter denen das Wasser „unsichtbar" versickert, brauchen wenig Platz. Auf einen im Boden versenkten Wasserbehälter, an dessen Grund die Pumpe liegt, wird ein Gitter gelegt. Darauf ruht der Quellstein, umgeben von kleineren Steinen und Kieseln. Von der Pumpe führt der Schlauch durch das Gitter in das Bohrloch.

Bohren oder bohren lassen

Sie brauchen einen leistungsstarken Bohrhammer (schneller geht es mit Presslufthammer und Kompressor) und einen langen Steinbohrer mit

Quellstein in einem kleinen Teich

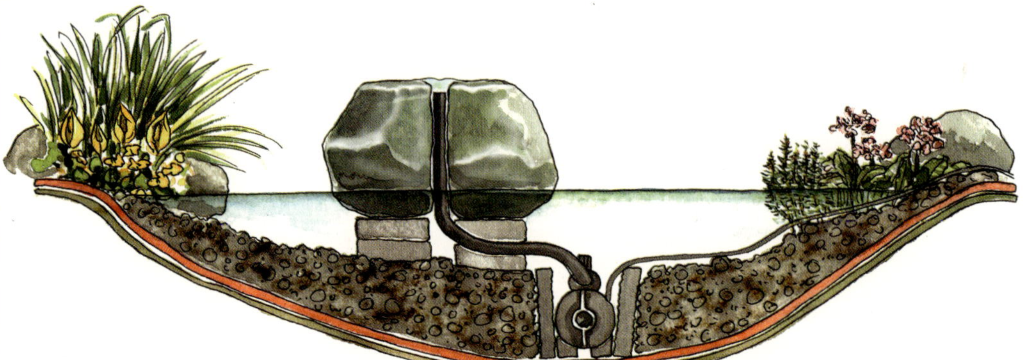

Der Schlauch wird ein bis zwei Zentimeter unter dem Sprudelloch abgeschnitten. Ein dickwandiger Spiralschlauch, der nicht leicht knickt, ist den Belastungen am besten gewachsen. Um die Tauchpumpe zur Reinigung oder vor dem Winter herausnehmen zu können, muss ein Bajonettverschluss oder eine andere lösbare Verbindung angebracht werden.

3 cm Durchmesser für einen einzölligen Schlauch. Versuchen Sie es selbst oder beauftragen Sie eine Firma mit der Bohrung.

Villeicht haben Sie einen schönen Stein mit „Charakter" gefunden? Bringen Sie ihn in verschiedene Lagen und testen Sie mit einer Gießkanne, auf welcher Seite das Wasser am effektvollsten herabfließt und wo das Bohrloch sein sollte.

Im kühlen Schatten

Quellsteine sind auch im tiefsten Schatten möglich. Wasserpflanzen benötigen allerdings einen sonnigen bis halbschattigen Standort, daher beschränkt sich die Bepflanzung im Wesentlichen auf den Bereich außerhalb der Folie.

Farne lieben hohe Luftfeuchtigkeit und neigen ihre Wedel vom Rand übers Wasser. Gräser und Schattenstauden sowie Sträucher oder schattenverträglicher, winterharter Bambus lassen ihre unterschiedlichen Grüntöne spielen und machen eine finstere Ecke attraktiv und lebendig. Fadenalgen brauchen Licht und Wärme und sind daher nicht zu befürchten.

TIPP

Nach kurzer Zeit setzt der Stein eine Patina aus grünen oder braunen Algen an, was seiner Schönheit aber meist keinen Abbruch tut.

Mit einem scharfen Wasserstrahl kann der Belag von Zeit zu Zeit entfernt werden.

Der erfrischende Duft der Wasserminze (Mentha aquatica) und der sprudelnde Quellstein schaffen eine kühle Atmosphäre am sommerlichen Teichufer.

Quader, Würfel oder Kugeln passen in Fortführung geometrischer Elemente oft besser in architektonisch gestaltete Räume oder (städtische) Gärten als natürlich entstandene Formen.

Amphoren

Liegende Terrakottakrüge, aus denen sich das Wasser immerfort und unstillbar ergießt, sind ein schönes Detail, das auch bewundert werden will: beim Sitzplatz am Teich, auf der Dachterrasse, als Blickfang im Vorgarten oder im Küchengarten beim Haus. Eine stehende Amphore daneben lässt das Bild zufälliger und verspielter wirken.

Gut dazu passen große und kleine Steine, Gräser oder üppig blühende Sommerblumen. Sie helfen außerdem, den Schlauch zu verdecken. Am Boden des Gefäßes wird ein 3 cm breiter Durchlass für einen einzölligen Spiralschlauch gebohrt, soferne nicht schon ein genügend großes Abzugsloch vorhanden ist. Es kann mit Silikon abgedichtet und das Schlauchende fixiert werden. Ein wenig Neigung der Amphore nach vorne lenkt das Wasser in die

richtige Richtung, zu viel Schräglage entlässt es jedoch in einem Schwall.

Geringe Pumpenleistung und viele Versuche führen schließlich zu einer munter glucksenden, ewigen Quelle.

TIPP

Vor dem Winter, wenn die Tauchpumpe in einem Kübel mit Wasser in den Keller übersiedelt, wird auch der Krug entleert und kann bei dieser Gelegenheit gleich gesäubert werden. Kalkspuren, die hartes Wasser hinterlassen hat, werden mit Essig entfernt.

Eine Dachterrasse in der Stadt bietet genug Platz für eine Amphore und einen kleinen Teich. Das Mäuerchen aus Antik-Klinker unterstreicht den warmen Ton der italienischen Terrakotta.

Ein ganz anderes Bild entsteht, wenn die neu gesetzten Stauden, Gräser und Wasserpflanzen ihre volle Größe und Schönheit erlangt haben. Fast versteckt bilden sich Kreise im Wasser.

Amphore am gemauerten Becken

Soll die Amphore am Rand eines runden Beckens liegen (siehe Seite 34), muss der Spiralschlauch hinter dünnen Platten desselben Steines versteckt werden, mit dem der Brunnenring verkleidet wurde. Ein Kniestück mit Bajonettverschlüssen an beiden Enden hilft, den Schlauch in einer 90°-Biegung zu verlegen. Noch eleganter wäre es, auch das Stromkabel in einem Mantelschlauch hinter der Verkleidung verschwinden zu lassen.

Wasserspiele und Wasserspeier

In Kombination mit den passenden Pumpen gibt es die verschiedensten Fontänenaufsätze im Handel.

Wenn der Wasserstrahl auf einer Platte abprallt, so entstehen klare Glocken aus einem dünnen Wasserfilm. Ob hohe, kerzengerade Fontänen oder schräg gestellte „Spucker“, einstrahlige Düsen sind für windexponierte Stellen am besten.

Mehrstrahldüsen teilen das Wasser einer Zuleitung wie ein Brausekopf. Sie können auch mit einem beweglich gelagerten Kopf versehen sein, der durch den Rückstoß der schrägen Düsenrohre in ständiger Drehbewegung bleibt.

Schaumeffektdüsen mischen Luft bei und ergeben eine weiß schäumende Wassersäule.

Wasser haucht Figuren Geist und Lebendigkeit ein. Das Angebot ist unüberschaubar. Am Wasser lebende Tiere wie Frösche, Reiher oder Enten stehen ebenso zur Auswahl wie Flötenspieler oder bekannte Figuren aus der Märchenwelt. Wen Kopien in kleinerer oder größerer Fertigung nicht zufrieden stellen, dem steht die Möglichkeit offen, ein Original eines Bildhauers zu erstehen.

Überlebensgroßer Frosch von Max Ernst

Brunnen

Waren Brunnen früher die zentrale Versorgungsstelle für Haus und Hof, so sind sie heute in fast allen Gärten überflüssig geworden.

Trotzdem ist das Motiv „Brunnen“ im Garten immer noch beliebt, egal ob als Erinnerungsstück aus alten Zeiten oder als neu gebaute Anlage. Das Herzstück der scheinbar nie versiegenden Quelle ist wie bei Amphore, Bachlauf oder Quellstein eine Pumpe.

Recycling im Garten

Schrottplätze, Altwarengeschäfte oder Trödlermärkte in ländlichen Gebieten sind ein wahrer Fundus, wenn Sie auf der Suche nach einem außergewöhnlichen Stück oder originellen Ideen sind.

Alte Schleifsteine, Figuren, Granitsäulen, Steinvasen und Ähnliches lassen sich mit einer Bohrung zu effektvollen Brunnen „recyclen“. In solchen Kombinationen sollten nicht zu viele verschiedene Materialien verwendet werden, da einer kunterbunten Mischung oft die Ruhe fehlt.

Gerade für Brunnen, die an frühere Zeiten erinnern, bieten sich solche alten Sammlerstücke an.

TIPP

Gusseiserne Ziehbrunnen werden von einigen Firmen heute ebenso wieder hergestellt wie alte Bassenas oder Laternen. Diese Nachgüsse nach alten Vorbildern haben natürlich auch ihren Preis.

Wer nirgendwo mehr einen alten Granittrog, Mühlstein, Schleif- oder Pressstein auftreiben kann, hat unter neuen Modellen die Wahl, die ausschließlich für den Garten bestimmt sind.

Aus einem alten, massiven Granittrog und einer neu angefertigten Gusseisensäule mit Messinghähnen wurde dieser Brunnen zusammengestellt.

Was wäre der schlichte Wandbrunnen ohne seinen schönen Rahmen?

Wasser – Antrieb für die Fantasie

Türmchen und Tröpfchen

Sie brauchen viele flache Kieselsteine, die in der Mitte durchbohrt werden müssen. Stein für Stein fädelt man sie auf ein Rohr auf. Damit das Rohr nicht durch einen Spalt sichtbar wird, müssen die sorgfältig ausgesuchten Steine satt aufliegen. Schließlich soll die Konstruktion, die dem Turm Stabilität verleiht und das Wasser an die Spitze leitet, ein Geheimnis bleiben.

Das einzementierte, untere Ende des Rohres ist mit einem Gewinde und eingeschraubtem Bajonettverschluss versehen. Von der Pumpe im versenkten Wasserbehälter führt ein Schlauch zum Rohr.

Mäuserücken und Katzenköpfe

Wie das Wasser über Steine fließt, ob sie, rund, der Strömung kaum Widerstand bieten oder sich ihr, eckig, widersetzen, ob sich Wellen oder Wirbel bilden, bemerkt man erst, wenn man Ruhe

Eine Tropfsteinsäule aus Flusskiesel

hat und sich Zeit nimmt zu beobachten. Mit Kieselsteinen lässt sich eine Art Katzenkopfpflaster in Magerbeton auf der Folie eines Bachbettes verlegen. Um Wellen und Strudel zu erzeugen, muss das Wasser mit größerer Geschwindigkeit darüberfließen.

Die Bepflanzung rückt in den Hintergrund, sie soll die Konzentration auf das Wesentliche, die Muster und Bewegungen des Wassers, nicht stören.

Ein Instrument für das Wasser

Das Shishi-Odoshi ist ein beliebtes Element in japanischen Gärten. In immer gleichem Rhythmus schlägt ein Bambusrohr auf einen Stein, und das Wasser gibt den Takt an.

Ein Musikturm aus Bambus war 1998 eine der Attraktionen des Internationalen Gartenfestivals, das alljährlich in Chaumont im französischen Loiretal stattfindet. Aus einem Wasserbehälter an der Spitze wird das Wasser in Schläuchen und Bambusrohren abwärts geleitet und hebt dabei auf mehreren

Etagen Hämmer, die auf Klangstäbe schlagen. Am Ende seiner Reise bewegt es im Takt der sich füllenden und entleerenden Speichen ein riesiges Bambusrad und wird wieder nach oben gepumpt.

Ein französischer Instrumentenbauer und ein belgischer Gartenarchitekt brachten eine geniale Verbindung ihrer beiden Berufe zuwege und bauten ein gigantisches tönendes, wasserbetriebenes Musikinstrument.

Das Wasser huscht über die hochkantig verlegten, flachen Kieselsteine wie über unzählige kleine Rücken dahin. Die Brechung des Lichtes und die beweglichen Schattenlinien kommen nur zur Geltung, wenn das Wasser sehr flach ist.

Tipp

Schöne Kiesel kann man kaufen. Wer nicht die Zeit und Mühe aufwenden will, landauf, landab Schottergruben, Flussufer und Bäche abzuklappern, dem steht eine breite Palette an Dekorsteinen zu Verfügung.

Ob roter Südtiroler Porphyr, weißer Kalkstein, gesprenkelter Granit … sie werden nach kg oder Stück gehandelt.

Wege übers Wasser

Kleine Schritte, Stein für Stein, treppauf treppab, hinunter, hinüber, zurück, zum Haus, in den Garten, zum Baden: Wege, Stege und Brücken wollen wohl überlegt sein.

Der erste Schritt

Bevor Sie sich über die technischen Einzelheiten wie Dimensionen, Materialien, Verlegetechniken usw. den Kopf zerbrechen, sollten Sie die bestehenden Wege im Garten überdenken. Sind alle Wege, Verbindungsachsen und wild entstandenen „Trampelpfade“ nötig?

Kann der Teich, Schwimmteich oder Bachlauf an einen bestehenden Weg angebunden werden oder lohnt sich eine umfassende Neugestaltung?

Wege können versteckt und verschlungen vom Ufer zum Schwimmbereich eines Badeteiches führen oder weithin sichtbar Terrasse, Teich und Garten verbinden. Egal, ob schmal oder breit, versteckt oder betont: Ohne Weg oder Steg könnte man bei einem rundum bepflanzten Teich oft gar nicht ans Wasser gelangen und müsste sich mit einem Blick aus einiger Entfernung zufrieden geben. Wege machen eine Begegnung mit dem Wasser erst möglich, und deswegen ist ein Teich, den man „begehen“ kann, für viele anziehender als einer, der unerreichbar scheint. Darin liegt aber auch die Gefahr, dass Tiere und Pflanzen durch kreuz und quer laufende Wege, Fehltritte oder „Abstecher“ gestört werden.

Steinplatten überqueren nur schmale Bäche. Der Übergang von einer Brücke zum Weg, hier ein gemähter Rasenweg durch eine Wiese, muss sorgfältig ausgeführt sein, damit man nicht stolpert.

Arbeitserleichterung

Bei Teichen und Schwimmteichen notwendige Pflegemaßnahmen wie Sumpfpflanzen zurückschneiden, Algen und Laub entfernen oder zu stark wuchernden Pflanzenbestand reduzieren sind bei breiteren Sumpfzonen vom Ufer aus nur mühsam zu erledigen.

Wege, Stege und Brücken verbinden das Angenehme mit dem Nützlichen. Statt mit Gummistiefeln im Wasser zu waten, kann man die Arbeiten von dort aus erledigen.

Brücken

Stein

Eine einzige Steinplatte, über einen Bachlauf gelegt, kann zum schlichten, aber reizvollen Übergang werden. Für naturbelassene Platten eignen sich Gneis oder Porphyr am besten.

Andere Gesteine mit glatten Bruchflächen wie etwa Schiefer wären ebenfalls denkbar, können aber kaum in Platten gewonnen werden, die groß genug sind und verwittern auch schneller.

Geschnitten sind Platten aber aus jedem Gestein denkbar, das aufgrund seiner Frostbeständigkeit im Außenbereich verwendet werden kann. Sie werden bruchrau, sandgestrahlt oder geflammt am Ufer in ein Fundament aus Magerbeton verlegt.

Gebogene Fertigbrücken aus Granit oder Beton sind oft in kleinen, von japanischer Gartenarchitektur beeinflussten Gärten zu sehen. Sie schaffen ein wenig mehr Distanz zum Wasser.

Holz

Brücken aus Holz sind sehr beliebt. Fertige Modelle zu kaufen oder individuelle Einzelstücke nach eigenen Ideen anfertigen zu lassen, kann sehr teuer werden. Oft wirken allzu verspielte Formen in kleinen Gärten zu aufdringlich. Schlichtere Lösungen passen besser zu einem naturnah angelegten Teich.

Eine einfache Lösung ist die für Holzstege übliche Konstruktion. Auf langen Kanthölzern, die auf Fundamenten am Ufer ruhen, werden die Bretter montiert. Zwischenfundamente im Teich aus mit Beton verfüllten Schalsteinen oder schönen Findlingen verhindern ein Durchbiegen bei Längen von über drei Metern.

Solche knapp über dem Wasser liegenden Brücken können gut mit Holzstegen kombiniert werden oder als „Seitenarm“ vom Steg durch die Flachwasserzone führen.

Man kann sich aber auch von den Zickzack-Brücken der japanischen Gärten inspirieren lassen oder ganz neue Wege gehen.

Eine Brücke muss nicht nur Übergang sein, sie kann auch, schön ausgeführt und mit Blauregen berankt, als eigenständiges, charaktervolles Gestaltungselement im Wassergarten geplant werden.

Holzstege

Wenn der Teich ein paar Jahre alt geworden ist, bleibt der Holzsteg oft die einzige Lücke im Ufersaum. Beim Schwimmteich dient er als Badesteg, eine Leiter oder Holztreppe führt ins Wasser, und bei ausreichender Tiefe sind sogar Randsprünge möglich. Auf dem Bauch liegend in der Sonne faulenzen oder im Liegestuhl Zeitung lesen, Handtücher zum Trocknen ausbreiten, den Kindern beim Spielen zusehen – je nach voraussichtlicher Nutzung wird der Holzsteg beim Schwimmteich großzügig bemessen oder gerade groß genug sein, um vom Ufer bequem ins Wasser zu gelangen.

Minimalvariante eines Holzsteges an einem kleinen Schwimmteich, der zusammen mit dem Baumhaus den Garten zum Abenteuerspielplatz werden lässt.

Holz ist verglichen mit Stein ein weiches und warmes Material. So fügen sich Holzstege auch sehr gut in die Uferlandschaft ein. Am häufigsten werden Stege in rechteckiger Form gebaut. Doch Holz lässt sich gut bearbeiten. Runde, geschwungene oder unregelmäßige Grundformen sind in der technischen Ausführung nur mit geringem Mehraufwand verbunden. Leichte Gefälle am Ufer bieten die Möglichkeit, zwei oder mehrere Plateaus anzulegen. Um nicht die kostbare Wasserfläche verbauen zu müssen ist es ratsam, einen Großteil des Steges außerhalb des Teiches laufen zu lassen. Die offene Wasserfläche sollte zur Stegfläche in einem ausgewogenen Verhältnis stehen. An einem kleineren Teich wirkt ein als Holzsteg konzipierter großer Sitzplatz erdrückend, eine Lösung ganz außerhalb des Teiches wäre besser.

Raffinessen

Große Stegflächen wirken manchmal monoton. Oleander in hübschen Gefäßen bringen Farbe und Abwechslung und bieten auch noch Sicht- und Windschutz. Aussparungen im Steg direkt über dem flachen Wasser können mit Fluss-Steinen ausgelegt und einem Quellstein belebt werden.

Ebenso gut lässt sich ein Steg mit einer Pergola, einem Gartenhäuschen, einem Grillplatz oder einer Sandkiste kombinieren.

Seitenarme des Steges oder Brücken, die mit dem Steg in Verbindung stehen, laden zum Spaziergang um einen Teich ein. Trittsteinwege locken vom festen Ufer in die Flachwasserzone und können eine Abkürzung in den Garten sein.

Fundamente

Mit dem Bau des Steges kann begonnen werden, bevor das Wasser zur Gänze in den Teich eingelassen wird, wobei die Höhe des Steges natürlich vom geplanten endgültigen Wasserstand abhängt.

Der Steg selbst sollte mit dem Wasser keinen Kontakt haben.

So müssen auch die Fundamente (Schalsteine mit den Maßen 30 x 25 x 50 cm, abgeschnittene Betonrohre oder ähnliches) so eingerichtet werden, dass ihre Oberkanten 2 bis 4 cm über das endgültige Wasserniveau herausragen. Bei einem 10 cm starken Kantholz, das als Auflager dient, verhindern Stützfundamente alle drei Meter ein Durchbiegen oder Schwingen beim Darübergehen.

Die Fundamente „am Festland" gräbt man direkt in die Erde. Jene im Teich werden im Schotterbett durch Abgraben oder Anschütten mit Hilfe einer Wasserwaage (oder eines Nivelliergerätes) auf dasselbe Niveau gebracht und anschließend alle Fundamente mit Beton verfüllt.

Größere Folienreste, die beim Abschneiden anfallen, können unter dem Steg auf der Erde ausgebreitet werden. Sie verhindern, dass hartnäckiges Unkraut zwischen den Brettern durchwächst. Bereits am Tag nach dem Aushärten des Betons kann der Steg fertig gebaut werden.

Stegbau

Schritt 1: Mit verzinkten Eisenwinkeln werden die parallel eingerichteten, als Auflager dienenden Kanthölzer mit Dübeln (Stärke 10 mm) und Sechskantschrauben auf den Fundamenten (hier ausbetonierter Schalstein) montiert. Danach werden Kanthölzer und Eisenwinkel durch Holzschrauben verbunden.

Schritt 2: Die fertig zugeschnittenen Stegbretter werden zunächst mit Distanzhölzern aufgelegt, damit man sieht, wie sich die Bretter auf die ganze Länge verteilt ausgehen. Abstände können jetzt noch verringert oder vergrößert werden, mehr als 5 mm sind aber nicht zu empfehlen. Eine lange Alulatte hilft, die ausgelegten Bretter in eine Linie zu bringen.

Schritt 3: Die Bretter können direkt von oben geschraubt werden. Distanzhölzer helfen, gleichmäßige Abstände einzuhalten. Die äußersten Bretter sollten aus optischen Gründen über das Auflagerholz hinausragen.

Schritt 4: Unter den Brettern können technische Einbauten wie Pumpenschacht, Skimmer oder elektrische Installationen versteckt werden. Durch einen einfachen, ausgeschnittenen Holzdeckel sind sie jederzeit zugänglich. Bei Schwimmteichen wird zuletzt eine Leiter oder Treppe mit dem Steg verbunden, deren Fuß mit Steinen oder Betonplatten beschwert werden muss.

Holzarbeiten
Naturbelassenes Lärchenholz hat sich im Freien bestens bewährt. Kesseldruckimprägnierte oder mit Holzschutzmittel behandelte Bretter sind am Wasser wegen der Gefahr der Auswaschung durch Regen weniger geeignet. Die Stegbretter sollten eine Stärke von 4 cm haben, gerade und nicht verzogen sein.

Da glatt gehobeltes Holz bei Nässe rutschig wird, gibt es auch geriffelte Bretter im Handel.

Lärchenholz bekommt mit den Jahren eine schöne, silbergraue Patina.

TIPP

Die Arbeiten am Wasser bringen Gefahren mit sich. Soweit möglich sollten Akkubohrmaschinen verwendet werden. Vor allem Kabeltrommeln oder Verbindungsstecker zur Bohrmaschine fallen leicht einmal durch eine ungeschickte Bewegung ins Wasser. Überprüfen Sie Ihren Fehlerstromschutzschalter. Niemals sollte sich jemand während der Arbeiten im Wasser aufhalten!

Liegt ein Block zu tief, wird er ein wenig angehoben und mit Schotter unterfüttert, bis er die richtige Höhe hat.

Auf Schritt und Tritt ein Stein

Wer in der Natur einen Bach überqueren will, aber weder Steg noch Brücke findet, der muss über Steine hüpfend das andere Ufer erreichen. Im Wassergarten lässt sich diese Situation so nachbauen, dass das Überqueren zum Vergnügen wird. In einem Bachlauf reicht dafür meist ein einziger in die Mitte gesetzter Stein. Im Teich oder Flachwasserbereich eines Schwimmteiches sind es mehrere, die im Schrittabstand gelegt werden. Trittsteine erschließen wie kein anderer Weg die mit Pflanzen und Tieren belebten Flachwasserzonen. Unmittelbar neben den Steinen sollten nur robuste Pflanzen verwendet werden, die einen gelegentlichen Fehltritt verkraften können.

Spazieren oder Balancieren
Annähernd quaderförmige Steinblöcke haben den Vorteil, dass ihre aus dem Wasser ragende Oberfläche eben ist. Solche Blöcke können auch für längere Wege oder für oft begangene Strecken verwendet werden. Findlinge haben eine natürliche, runde Form, das Gehen auf den

gewölbten Steinen fordert Balance und Geschicklichkeit. Vom Steinmetz bearbeitete Formen wie Platten, Quader oder Würfel sind eine weitere Möglichkeit, wenn ihre geometrische Regelmäßigkeit in die Gesamtgestaltung des Teiches passt.

Einer nach dem andern
Zwischen Teichfolie und Schotter ist eine Vlieslage entlang des Weges empfehlenswert. Die Trittsteine werden händisch oder mit Maschinenhilfe (Bagger oder Autokran bei Steinen ab etwa 80–100 kg) auf dem Schotter verlegt, das Niveau der Oberkanten muss stets mit Latte und Wasserwaage (oder Nivelliergerät) kontrolliert werden: Nach dem Befüllen des Teiches bleiben die obersten fünf bis zehn Zentimeter über dem Wasserspiegel. Werden die Steine tiefer gesetzt, bilden sich Algenbeläge, die die Oberfläche rutschig werden lassen. Der Abstand der Trittsteine entspricht der Länge eines Schrittes, wobei nicht immer die genormte Schrittlänge von 63 cm, gemessen von Mittelpunkt zu Mittelpunkt, als Maß genommen werden muss.

Die natürliche Rauigkeit der Steine verhindert das Ausrutschen mit nassen Füßen oder nach einem Regen.

Massiv oder leicht?
Große, hohe Blöcke haben durch ihre Masse genug Stabilität, kleinere Trittsteine müssen in Magerbeton (Sand 0/16 zu Zement im Verhältnis 3:1) verlegt werden. Das Verdecken dieses Betonsockels ist eine heikle Aufgabe. Eine Möglichkeit sind Kieselsteine, die in den noch weichen Beton gedrückt werden. Sie verdecken zwar den Beton, die Trittsteine wirken aber seltsam aufgehoben und erscheinen wenig stabil. Gartengestalter empfehlen daher zu Recht, sich für große, solide Findlinge oder Blöcke statt für kleine, wackelig aussehende Steine zu entscheiden, auch wenn sie kostspieliger und schwieriger zu beschaffen sind.

Beobachtungsposten

Größere Sitz- oder besser noch Liegesteine, die in einen Trittsteinweg eingebaut werden, laden zum Bleiben ein. Nach einer Weile der Ruhe erschließen sich dem Beobachter ungezählte Wasserlebewesen vor der Kulisse der Pflanzen. Flache Sandsteine gehören zu den schönsten Liegesteinen. Ein Handtuch darauf, ein wenig Proviant, so kann man es lange aushalten. Der Stein kann auch der Endpunkt eines Weges sein, wo man nicht mehr weitergehen, sondern nur verweilen oder umkehren kann.

Die Grenze zwischen Weg und Wasser muss nicht scharf gezogen werden. „Ausgefranste" Ränder und im Pflaster ausgesparte Pflanzinseln machen dieses Granitpflaster aus „Wiener Würfeln" lebendig und attraktiv.

Neue Wege gehen

Details machen die persönliche Note eines Baches, Teiches oder Wassergartens aus. Die Schwierigkeit besteht darin, gute Ideen auch technisch umzusetzen, so dass die Lösungen dauerhaft sind.

Ganz oder gebrochen
Möglichkeiten gibt es genug. Sucht man in Steinmetzbetrieben beispielsweise nach einer stabilen, größeren Platte, um sie als Übergang für einen schmalen Bachlauf zu verwenden, wird man merken, dass zerbrochene Platten oft billiger zu erstehen sind.

Mit ihnen lassen sich besondere Stege gestalten: die auseinandergebrochenen Hälften werden an den Ufern in Magerbeton verlegt, zwischen ihnen klafft ein Spalt, durch den der fließende Bach zu sehen ist. Die Bruchstelle der Steinplatte wird zum markanten Riss – als hätte die unbändige Kraft des Wassers sie gespalten.

Ein Mosaik im Wasser

Ein Übergang über einen Bach kann auch als Pflaster der besonderen Art ausgeführt sein. Zwischen Ab-

schnitten mit höherem Gefälle wird ein flacher Teil gebaut.

Vor den Arbeiten müssen geeignete Steine schon bereit liegen: suchen Sie kantige, an einer Seite flache Stücke zusammen. Sie werden auf der Abdichtung in Magerbeton verlegt. Ihre flache Oberseite ragt wenige Zentimeter über den Wasserspiegel, die Fugen des „Pflasters“ müssen breit genug sein, um das Wasser ableiten zu können.

Pflanzen und Tiere

Froschlöffel, Froschbiss, Froschkraut, Igelkolben, Krebsschere, Wassernabel.

Pflanzen mit fantastisch klingenden Namen und faszinierende Tiere bevölkern den Wassergarten.

die Wasserreinigung eine wesentliche Rolle und sind wirksame Gegner und direkte Konkurrenten der Algen. Da sie entweder frei im Wasser schweben oder sich mit ihren Wurzeln am Boden lediglich festhalten, beziehen sie alle Nährstoffe direkt aus dem Wasser und helfen so, den Gartenteich zu klären. Ohne Kontakt zur Luft müssen sie das Kohlendioxid zur Photosynthese aus dem Wasser aufnehmen und geben Sauerstoff ab. Diese Anreicherung des Teiches mit Sauerstoff ist die zweite, wichtige Leistung zur Verbesserung der Wasserqualität. Für Fische und Insekten bietet der Unterwasserdschungel wertvollen Lebensraum, Verstecke, vielfältige Laichplätze und Schutz vor Räubern. Pflanzen Sie besser verschiedene Arten statt von einer Art mehrere Exemplare. Unterwasserpflanzen sind mehr als andere Gewächse von der Qualität des Wassers abhängig und es lässt sich nicht sagen, welcher davon das Wasser Ihres Teiches behagen wird. Finden eine oder mehrere Arten gute Bedingungen vor, so vermehren sie sich von selbst, andere verschwinden. Viele Unterwasserpflanzen bilden Ruheknospen aus, die im Winter auf den Teichgrund sinken.

Seerosenzone mit Weißer Seerose (Nymphaea alba) und Krebsschere (Stratiotes aloides). Wo sich Unterwasserpflanzen gut entwickelt haben, ist für Algen kein Platz mehr.

Mit den Jahren ändert sich die Wasserqualität eines Gartenteiches. Mit abnehmender Nährstoffkonzentration des Wassers werden sich möglicherweise die schönen und wertvollen Armleuchteralgen (*Chara fragilis* und *Nitella flexilis*), die in einem neu angelegten Teich kaum anzusiedeln wären, von selbst einfinden.

Alle Tabellen mit Angaben zu Wasserständen geben den optimalen Bereich an, bei dem die Pflanzen sich wohlfühlen oder ihre typische Wuchsform entfalten können. Viele Pflanzen können darüber hinaus auch flachere und tiefere Wasserbereiche besiedeln, manche sind dabei sogar äußerst flexibel und bilden je nach Wasserstand verschiedene Blatt- und Wuchsformen aus.

Tipp

Die Wasserpest (Elodea canadensis) macht ihrem Namen alle Ehre und ist für Gartenteiche nicht zu empfehlen. Sie schwimmt nicht frei, sondern ist am Boden verankert und lässt sich daher nie restlos entfernen, denn aus den kleinsten, abgerissenen Stücken oder den im Boden verbliebenen Teilen entwickeln sich neue Triebe. Leider schleppt man sie manchmal ungewollt mit gekauften Wasserpflanzen aus der Gärtnerei ein und hat seine liebe Not, sie wieder loszuwerden.

Empfehlenswerte Pflanzen für die Seerosenzone

Schwimmblattpflanzen

Name	Wasserstand in cm	Blüten	Bemerkungen
Froschbiss *Hydrocharis morsus-ranae*	–	weiß	schwimmt frei, leicht abzufischen, daher auch für kleine Teiche geeignet
Froschkraut *Luronium natans*	20–40	weiß	verwurzelt, zu Unrecht selten verwendet, auch für kleine Teiche
Krebsschere *Stratiotes aloides*	–	weiß	schwimmt frei, Rosette überwintert am Boden, bildet reichlich Tochterrosetten, überzählige einfach herausnehmen
Schwimmender Hahnenfuß *Ranunculus aquatilis*	30–60	weiß	verwurzelt, liebt Wasserbewegung, daher bei Bachlaufmündung oder in Quellsteinnähe ideal
Seekanne *Nymphoides peltata*	50–80	gelb	flutendes Rhizom, teilweise verwurzelt, nur für große Teiche, wächst aus Gefäßen heraus
Seerosen *Nymphaea-Hybriden* 'Escarboucle'	70–100	rot	duftend, auffallender Kontrast zu den gelborangen Staubgefäßen, in Gruppen ab 6 m² Wasserfläche, in kleineren Teichen nur ein Exemplar
'Moorei'	30–60	gelb	duftende Blüte, robuste, sonnenhungrige Sorte, eine Pflanze bedeckt 1–2 m² Wasserfläche
Nymphaea tuberosa 'Pöstlingberg'	80–250	weiß	riesige Blüten, in Gruppen nur in sehr großen Teichen, in mittleren (ab 6 m²) nur ein Exemplar
Südafrikanische Wasserähre *Aponogeton distachyos*	60–100	weiß	verwurzelt, wächst horstig, wuchert nicht, duftet nach Vanille, Wurzelstock frostempfindlich, im tieferen Wasser oder im Haus überwintern
Teichrose *Nuphar lutea*	ab 70	gelb	verwurzelt, nur für große Anlagen, kann bis über 1 m tief stehen und liebt nährstoffreiches Wasser und verträgt leichten Schatten

Unterwasserpflanzen

Name	Wasserstand in cm	Blüten	Bemerkungen
Ähriges Tausendblatt *Myriophyllum spicatum*	–	–	wurzelt im Schlamm, unscheinbare Blüten über dem Wasser
Nadelsimse *Eleocharis acicularis*	20–50	–	wächst als Rasen am Teichboden, hat sich hinter und zwischen Vliessäcken eines Schwimmteiches bewährt
Raues Hornkraut *Ceratophyllum demersum*	–	–	frei schwebend im Wasser, lässt sich daher leicht abfischen als „Algenprophylaxe“ von Anfang an einsetzen
Zartes Hornkraut *Ceratophyllum submersum*	–	–	frei schwebend im Wasser, lässt sich daher leicht abfischen als „Algenprophylaxe“ von Anfang an einsetzen

Flachwasserzone

Zwischen der Sumpfzone und dem offenen Wasser der Schwimmblattpflanzen liegt der Bereich des flachen Wassers. Er wird oft auch Röhrichtzone genannt, weil hier Pflanzen wie Rohrkolben oder Igelkolben wachsen, die mit ihren hohlen Stängeln auch im abgestorbenen Zustand den Teich im Winter belüften. Bei einem Folienteich kann die Flachwasserzone breit und flach angelegt und damit ein äußerst wertvoller Lebensraum für eine reiche Tierwelt sein. Bei vielen Fertigbecken ist sie schmal und bricht bei etwa 40 cm Wasserstand zur Seerosenzone ab.

Die Farbe Blau hat am Wasser Seltenheitswert. Das Hechtkraut (Pontederia cordata) stammt aus Nordamerika.

Empfehlenswerte Pflanzen für die Flachwasserzone

Name	Wasserstand in cm	Blüten	Bemerkungen
Asiatische Sumpfschwertlilie *Iris laevigata*	0–20	blau	auch Sorten in weiß, rosa, und weiß-blau, große Blüten, lange Blütezeit durch einzelne Nachblüten
Fieberklee *Menyanthes trifoliata*	5–20	weiß	wächst vom Rand ins tiefere Wasser hinein, daher anfangs in seichtes Wasser setzen, liebt kalkarmen Boden
Froschlöffel *Alisma plantago-aquatica*	5–25	weiß	große, zarte Blütenstände, kann durch Selbstaussaat lästig werden, zurückschneiden oder Sämlinge entfernen
Hechtkraut *Pontederia cordata*	10–35	blau	wegen der blauen, großen Blütenstände gefragt, braucht viele Nährstoffe, nicht überall winterhart
Igelkolben *Sparganium erectum*	10–30	grün	breitet sich durch Ausläufer aus, nur für größere Teiche, Fruchtstand wie zusammengerollter Igel
Kalmus *Acorus calamus*	0–25	–	nicht für kleine Teiche, Sorte 'Zebrinus' ist weiß-grün gestreift, aromatischer Geruch und Geschmack
Kleiner Rohrkolben *Typha minima*	0–15	–	kugelige, braune, nicht sehr lange haltbare Fruchtstände, liebt kalkhaltiges Substrat
Pfeilkraut *Sagittaria sagittifolia*	10–50	weiß	neben den typischen Pfeilblättern auch lange, schmale Unterwasserblätter
Schwanenblume *Butomus umbellatus*	10–40	rosa	wuchert nicht, braucht aber reichlich Nährstoffe, in nicht zu kleinen Gruppen pflanzen
Sumpfschwertlilie *Iris pseudacorus*	0–20	gelb	starkwüchsig, daher öfters teilen, schöne robuste Pflanze für den Hintergrund oder für große, naturnahe Teiche
Tannenwedel *Hippuris vulgaris*	10–20	–	kann auch ganz unter Wasser wachsen, für kleine Teiche zu wüchsig

Sumpfzone

Sie wachsen am Rand des Teiches, wo Wasser und Land aneinander stoßen. Eine nicht zu schmale Sumpfzone ist für einen fließenden Übergang vom Wasser ans Ufer wichtig. Außerdem erscheinen hier die Frühjahrsblüher zeitig im Jahr, und viele bunt blühende Pflanzen bringen Farbe ins Spiel des grün ummantelten Wassers. Manche Pflanzen wandern auch in die Flachwasserzone und halten geringe Wasserstände aus. Andere wachsen wiederum in den normalen Gartenboden hinaus. Die Wuchsbedingungen in der Sumpfzone entsprechen der „stauenden Nässe" im Beet, die vor allem in der kalten Jahreszeit nur wenige Blütenstauden aushalten. Es gibt jedoch einige Stauden, die sowohl innerhalb als auch außerhalb der Folie wachsen können.

Eine Augenweide und Abwechslung am sommerlichen Teich ist der heimische Blutweiderich.

Empfehlenswerte Pflanzen für die Sumpfzone

Name	**Wasserstand in cm**	**Blüten**	**Bemerkungen**
Blutweiderich *Lythrum salicaria*	-20	rosa	bis 1,5 m hohe, sparrig verzweigte Horste, wertvoller Blüher im Sommer
Gauklerblume *Mimulus luteus*	-5	gelb	blüht unermüdlich, reichliche Selbstaussaat kann lästig werden
Morgensternsegge *Carex grayi*	0	–	gezackte Früchte, horstartig wachsend, in Sonne und Halbschatten, wächst auch auf trockenen Böden außerhalb der Folie
Pfennigkraut *Lysimachia nummularia*	-5	gelb	kriecht und verdeckt unschöne Stellen oder Folienränder, kann auch unter Wasser und im normalen Gartenboden wachsen
Rosenprimel *Primula rosea*	0	rosa	zählt zu den ersten Blühern, Begleiter für Bachläufe, gilt als zäh und langlebig
Sumpfdotterblume *Caltha palustris*	-5	gelb	schöner Frühjahrsblüher, im Sommer Laub oft unansehnlich, auch gefüllte und weiße Sorten
Sumpfvergissmeinnicht *Myosotis palustris*	-20	blau	kann durch Samen lästig werden, Einzelpflanze nicht sehr langlebig
Sumpfwolfsmilch *Euphorbia palustris*	-10	gelbgrün	0,5–1,5 m, orange- bis leuchtend rote Färbung der Blätter im Herbst
Wasser-Minze *Mentha aquatica*	-20	lila	aromatisch duftend, robust, auch rotblättrige Formen
Wiesensegge *Carex nigra*	0	braunschwarz	graugrüne Blätter, schwarze Ährchen, auch für Halbschatten und Schatten
Winterschachtelhalm *Equisetum hyemale var. robustum*	0	–	blattlose, altertümlich anmutende Pflanze, bei Überhandnehmen reduzieren

Pflanzen einkaufen

Das Sortiment an Wasser- und Sumpfpflanzen ist in den letzten Jahren immer größer geworden und Spezialbetriebe bieten zahlreiche heimische sowie exotische Besonderheiten an. Manche von ihnen benötigen, wie der fleischfressende Sonnentau (*Drosera*-Arten) oder die wattigen Wollgräser (*Eriophorum*-Arten) einen moorigen, sauren Boden, Pflanzen wie die Wasserfeder *(Hottonia palustris)* gedeihen nur in weichem Wasser und wieder andere wie Lotosblume *(Nelumbo nucifera)* oder tropische Seerosen (*Nymphaea x daubenyana* u.a.) brauchen Winterschutz. Sie alle sind ausgesprochen schön, wegen ihres hohen Pflegeaufwandes aber zu den Liebhaberpflanzen zu zählen.

Einkaufstipps

- *Machen Sie sich vor dem Kauf eine Skizze mit den endgültigen Abmessungen und Wassertiefen. So können Sie die Stückzahlen besser abschätzen.*

- *Lassen Sie sich gut beraten und achten Sie auf Qualität, auch wenn sie ihren Preis hat. Die Kosten für die Pflanzen sind beim Bau eines Teiches ohnehin der kleinste Posten.*

- *Kaufen Sie (außer bei Unterwasserpflanzen und einigen Schwimmblattpflanzen) nur getopfte, etikettierte Ware.*

- *Die Pflanzen müssen dem Jungpflanzenstadium entwachsen sein, der Ballen darf nicht zerfallen, wenn Sie versuchen, ihn unter leichtem Klopfen aus dem Topf zu ziehen.*

- *Die Pflanzen müssen frei von Schädlingen und Krankheiten sein. Achten Sie auch darauf, dass Sie keine Samenunkräuter wie Weidenröschen oder Zweizahn einschleppen, die in Wasserpflanzengärtnereien oft massenhaft vorkommen. Unkrautsamen in der Topferde können Sie allerdings nicht verhindern.*

- *Wasserpflanzen treiben später aus als zum Beispiel Blütenstauden, daher müssen sie bei einem Einkauf im April bedenken, dass viele Pflanzen noch gar nicht ausgetrieben haben. Sie können also nicht beurteilen, ob die Pflanze gesund, kräftig oder verkümmert ist.*

- *Getopfte Pflanzen können von April bis Oktober gesetzt werden.*

- *Seerosen sollten in seichtem Wasser gezogen worden sein, denn mit kurzen Stielen überstehen sie den Transport leichter.*

Bepflanzungsbeispiel

Skizze eines 40 m² großen Teiches. Bei der Bepflanzung wurde auf robuste, pflegeleichte Arten und bunte Farben Wert gelegt.

① **Sumpfdotterblume** *Caltha palustris*
② **Seekanne** *Nymphoides peltata*
③ **Zebra-Simse** *Schoenoplectus tabernaemontani* 'Zebrinus' (oft noch als *Scirpus tabernaemontani* geführt)
④ **Igelkolben** *Sparganium erectum*
⑤ **Wiesensegge** *Carex nigra*
⑥ **Pfeilkraut** *Sagittaria sagittifolia*
⑦ **Froschkraut** *Luronium natans*
⑧ **Blutweiderich** *Lythrum salicaria*
⑨ **Asiatische Sumpfschwertlilie** *Iris laevigata*
⑩ **Schwanenblume** *Butomus umbellatus*
⑪ **Pfennigkraut** *Lysimachia nummularia*
⑫ **Gauklerblume** *Mimulus luteus*
⑬ **Fieberklee** *Menyanthes trifoliata*

Seerose 'Sioux', Wassertiefe 50–70 cm
Unterwasserpflanzen:
frei schwimmend:
Hornkraut *Ceratophyllum demersum*
verwurzelt:
Nadelsimse *Eleocharis acicularis*
Ähriges Tausendblatt *Myriophyllum spicatum*

Gärtnerische Praxis

Die häufigsten Arbeiten am Teich sind wohl der mitunter zähe Kampf mit den Algen (siehe Seite 26) und das laufende Zurücknehmen wuchernder, ausufernder Pflanzen. Die Zusammensetzung der Teichflora ändert sich im Laufe der Zeit, kurzlebige Pflanzen verschwinden, andere breiten sich aus.

Wie in einem Staudenbeet müssen Ausfälle nachgesetzt und kränkliche oder unpassende Pflanzen enfernt werden. Außerdem können Sie immer wieder Neues probieren oder eine neue Farbe ins Spiel bringen.

TIPP

Nehmen Sie keine Pflanzen aus der Natur! Viele Gründe sprechen dagegen: Sie könnten seltene oder geschützte Pflanzen irrtümlich mitnehmen. Unerwünschte Tiere oder schlimm wuchernde Pflanzen könnten unbewusst eingeschleppt werden. Und schließlich ist die Natur kein Selbstbedienungsladen.

Pflanzen setzen

Die Pflanzen werden ausgetopft und in das fertig vorbereitete Substrat gesetzt (siehe Seite 22). Unterwasserpflanzen und nicht wurzelnde, schwimmende Pflanzen wirft man einfach ins Wasser.

Einige Unterwasserpflanzen sind im Boden verankert. Sie werden um einen Stein gewickelt, der sie abtauchen lässt und am Boden hält, wo die Triebe einwurzeln, oder einfach mit der Hand ins Substrat gedrückt.

Teilung

Sie ist eine praktische, einfache Vermehrungsmethode. Ältere, groß gewordene Wurzelstöcke werden geteilt und an anderer Stelle eingesetzt. Eingetopft und unter Wasser können sie auch außerhalb des Teiches einige Wochen bis zur Bewurzelung stehen.

Versuchen Sie bei geschenkten Pflanzen herauszufinden, um welche Pflanze es sich handelt, denn oft werden gerade die arg wuchernden Pflanzen weitergegeben.

Rückschnitt

Abgestorbene Pflanzenteile, die ins Wasser sinken, erhöhen die Nährstoffe im Wasser und tragen zur weiteren Verlandung bei. Deshalb ist es wichtig, Wasserpflanzen zurückzuschneiden. Beginnen Sie frühestens damit, wenn der Teich zugefroren ist. Es ist nicht nur leichter, auf dem Eis an alle Pflanzen heranzukommen, beim Schnitt im Herbst besteht auch die Gefahr, dass der Wasserstand nochmals steigt oder Regen in die hohlen Stängel der Wasserpflanzen, die Luft an die Wurzeln leiten, eindringt. Die Wurzeln, Rhizome und Blätter sterben ab und verfaulen. Am besten ist es, mit dem Rückschnitt bis ins Frühjahr zu warten. Der Winter belohnt die Geduld mit Reif und Schnee auf den stehen gebliebenen Halmen und Fruchtständen, außerdem bieten sie vielen Tiere und ihren Larven Schutz vor der Kälte.

Verlandung

Wenn der Teich nach Jahren immer weniger offene Wasserfläche sehen lässt, muss er gründlich verjüngt werden. Wasser- und Sumpfpflanzen werden geteilt, Schlamm und organisches Material wird entfernt. Nach Möglichkeit sollte das Wasser dabei nicht – wie oft empfohlen – abgelassen werden.

Düngung

Im Normalfall haben Teichbesitzer mit zu nährstoffreichem Substrat zu kämpfen. Nach einigen Jahren kann es aber vorkommen, dass Pflanzen Mangelsymptome zeigen. Die Blätter werden gelb, die Pflanzen kümmern. Gezielte Gaben von Langzeitdünger, direkt in den Wurzelballen gesteckt, oder eine Blattdüngung helfen der hungernden Pflanze, ohne das Wasser zu belasten. Starkzehrer können von Anfang an in Körbe mit nährstoffreicherem Substrat gepflanzt werden.

Pflanzenschutz

Einerseits sind Krankheiten und Schädlinge im Gartenteich nicht annähernd so problematisch wie bei Gemüse, Obst oder im Staudenbeet. Andererseits ist die Bekämpfung eines Befalls ungleich schwieriger. Chemische Methoden sind nicht zu empfehlen, denn sie betreffen im komplexen System Teich alle Tiere und Pflanzen. Das beste Mittel bleibt, die kranken oder befallenen Blätter zu entfernen oder die Pflanze radikal bis zu den Wurzeln unter Wasser zurückzuschneiden und den Wurzelballen mit etwas Düngung für einen neuen Austrieb zu versorgen.

Überlegen Sie auch, immer wieder kränkelnde Arten gegen altbewährte oder neue zu tauschen.

Froschlöffel (Alisma plantago-aquatica) kann wie Rohrkolben (Typha-Arten) durch Samen lästig werden. Man sollte die Blütenstände vor der Samenreife schneiden.

Tiere

Die meisten Tiere siedeln sich von selbst an. Man braucht einfach nur zu warten. Es hängt auch von der Umgebung des Teiches ab, welche Fauna sich einstellt. Ist es eine Gegend mit vielen anderen Gewässern, Tümpeln, Altarmen oder Seen, werden auch Tiere von dort einwandern.

Fische

So beliebt sie auch sind: Für sehr kleine Teich muss vom Fischbesatz abgeraten werden. Einzig heimische Kleinfischarten wie Stichling oder Bitterling können hier gedeihen, Goldfische gründeln, wühlen Schlamm auf und belasten mit ihren Exkrementen das Teichwasser. Bevor Sie sich entschließen, Fische zu kaufen, sollten Sie Fachliteratur zur Hand nehmen oder sich gut beraten lassen. Schwimmen die Fische einmal im Teich, ist es zu spät.

Wer lebt wo?

Tiere am Teich

① 

Die verschiedenen **Wasserläufer** erbeuten Tiere auf oder knapp unter der Wasseroberfläche. Sie überwintern unter Steinen, Laub oder Rinde am Ufer.

② 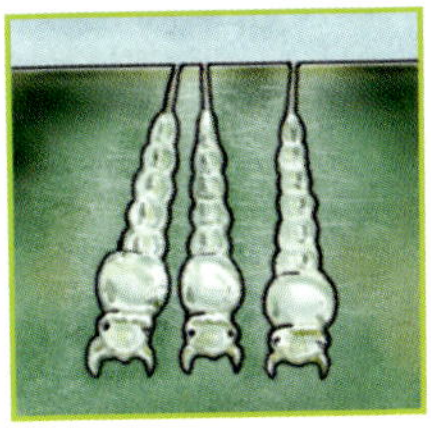

Gelsenlarven hängen mit ihrer Atemröhre an der Wasseroberfläche und tauchen bei Gefahr blitzschnell ab. Ihre Feinde sind zahlreich: Libellenlarven, Fische, Gelbrandkäfer, Frösche, Molche, Wasserspinne und viele andere.

③ 

Libellen fangen als erwachsene Flugkünstler Mücken und Fliegen, ihre Larven leben im Wasser und fressen alles, was sie mit ihrer Fangmaske nur erbeuten können. Libellen zählen meist zu den ersten Besucher am neuen Teich.

④ 

Der **Teichfrosch** und der **Wasserfrosch** wandern von Gewässern der Umgebung ein und bleiben im Gegensatz zu vielen anderen Fröschen immer in der Nähe des Teiches. Sie sonnen sich gern am Ufer oder auf Schwimmblättern und hüpfen bei Gefahr ins Wasser. Das Quakkonzert der Männchen ist mitunter ohrenbetäubend.

⑤ 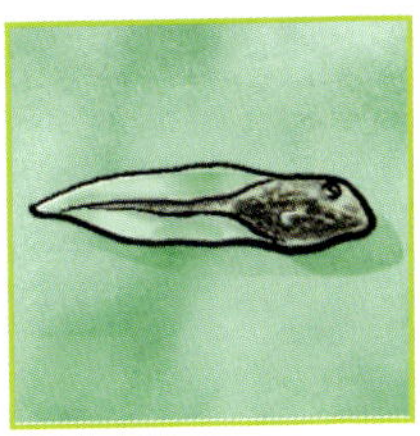

Viele Amphibien legen ihren Laich gern zwischen oder auf Wasserpflanzen im flachen Wasser ab. Die zahlreich schlüpfenden **Kaulquappen** sind eine beliebte Beute größerer Räuber im Teich.

⑥ 

Die ungiftige **Ringelnatter** kann gut schwimmen und stellt sich nur bei größeren, naturnahen Teichen in ruhiger Umgebung ein, wo sie Fischen, Fröschen, Kröten, Molchen und auch Insekten auflauert.

⑦ 

Erdkröten leben außerhalb der Paarungszeit in gebüschreichen Wiesen und wandern zum Ablaichen ins flache, pflanzenreiche Wasser, wobei sie ihrem „Geburtsort" in der Regel treu bleiben. Sie vertilgen im Garten Nacktschnecken!

⑧ 

Spitzschlammschnecken raspeln den Algenbelag von Blättern oder Steinen. Sie verschmähen aber auch Wasserpflanzen nicht, vor allem, wenn in einem kleinen Teich zu viele Schnecken leben. Salat als Köder wiederholt über Nacht ins Wasser legen und am nächsten Morgen mit den Schnecken entfernen.

⑨ 

Posthornschnecken sind dagegen harmlos und lieben Teiche mit vielfältiger, reicher Unterwasservegetation. Wasserschnecken oder ihr Laich werden oft mit den Pflanzen eingeschleppt.

⑩ 

Der **Gelbrandkäfer** fliegt von nahen Gewässern von selbst zu und lebt wie seine **Larve** als gefräßiger Räuber, der auch kleine Fische oder größere Kaulquappen verschlingt. In kleinen Teichen ist er eine Bedrohung für die Teichfauna, in größeren ein gern gesehener, weil in der Natur bereits seltener Gast.

⑪ 

Die **Teichmuschel** filtert am schlammigen Grund Schwebstoffe und Mikroorganismen aus dem Teich. Sie kann sich langsam fortbewegen und braucht sauberes Wasser.

(12) 

Bitterlinge sind heimische Kleinfische, die ihre Eier in Teichmuscheln ablegen und sich ohne sie nicht vermehren können. Zur sicheren Überwinterung ist 1 Meter Tiefe und eine Größe ab 10 m^2 Wasserfläche empfehlenswert. Bitterlinge und Muscheln sind im Zoohandel erhältlich.

(13) 

Wasserflöhe sind frühe tierische Besiedler eines Teiches und filtern Kleinalgen mit ihren Brustbeinchen aus dem Wasser. Sie gelangen meist als Dauereier mit Pflanzen und Tieren ins Teichwasser.

(14) 

Säugetiere wie der **Igel** können bei steilen Ufern nicht mehr aus dem Wasser klettern, ein Brett mit Quersprossen rettet so manches Leben, besser als diese Ausstiegshilfen sind sanft abfallende Ufer.

(15) 

Schwalben und andere Singvögel zieht der Reichtum an fliegenden Insekten rund um einen Teich an.

(16) 

Der Wärme liebende **Laubfrosch** laicht im Wasser ab und verlässt den Teich danach wieder. Tagsüber verbringt der gute Kletterer die meiste Zeit dösend in der Sonne, nachts jagt er nach Insekten.

(17) 

Fraßschäden an Seerosenblättern können vom Seerosenblattkäfer stammen. Absammeln der Eier oder Raupen verhindert eine Massenvermehrung.

TIPP

Die unendlich vielen Mikroorganismen, die in einem Wassertropfen Platz finden, offenbaren sich als eine lebendige, faszinierende Gesellschaft. Es braucht allerdings ein Mikroskop, um sich diesen Mikrokosmos zu erschließen. Eine Lupe aber reicht aus, um Wasserflöhe, Hüpferlinge und die Larven von Eintagsfliege, Köcherfliege oder Steinfliege genauer zu betrachten.

Einbindung in den Garten

Was wäre ein Teich ohne sein Ufer, ein Brunnen ohne seine Fassung oder ein Bachlauf ohne begleitende Bepflanzung?

Manche Wassergärten wirken unvollendet, weil ihnen etwas Wesentliches fehlt: ein üppig wachsender, fließender Übergang zur Umgebung.

Ufersaumbepflanzung

Bachläufe, Wasserfälle, Quellsteine und Teiche mögen noch so schön und raffiniert angelegt sein, wenn sie in den Garten nicht eingebunden werden, wirken sie isoliert und unausgewogen. Das Auge lässt sich auch mit gut gemeinten Lückenfüllern wie Figuren nicht täuschen. Dem Garten fehlt eine umfassende Gesamtplanung, die Geländemodellierung, Wegeführung und Sitzplatzgestaltung von Anfang an berücksichtigt.

Verschwimmende Grenzen
Steht die Anlage im zweiten oder dritten Jahr, macht sich ein weiterer Mangel bemerkbar: Es fehlt ein fließender Übergang der Teichflora zur Umgebung. Allzu oft endet die „Planung" von

Teichen am Rande der Abdichtungsfolie. Sumpf- und Wasserpflanzen gedeihen wunderbar, doch hat man es verabsäumt, jene Stauden und Gehölze zu setzen, die einen Teich erst mit dem übrigen Garten zusammenwachsen lassen. Sie wurzeln in normalem Gartenboden, ihr üppiges Wachstum und ihr „sprudelnder" Charakter machen den Teichrand zu einem natürlich wirkenden Ufer.

Der Ufersaum soll weder einem gepflegten Beet gleichen, das so gar nicht zum Wasser passen will, noch sollen wuchernde Pflanzen den Blick auf den Teich verstellen. Hier eignen sich robuste, langlebige Blüten- und Blattschmuckstauden, die das ganze Jahr über schön bleiben, nicht einziehen, nicht unansehnlich werden

Ein Meer wogender Wollschöpfe am Ufer eines Schmelzwassersees im steirischen Gebirge. Ob ausufernd oder fließend, der Übergang am Beispiel Wollgras (Eriophorum-Arten) zeigt, wie großzügig ein Ufergürtel sein kann.

TIPP

Auch Zwiebelpflanzen wie Schachbrettblume, Schneeglöckchen, Frühlingsknotenblume und Sternnarzisse kommen in der Natur auf Feuchtwiesen und in Auwäldern vor und passen sehr gut zum Wasser.

und den Wasserpflanzen in Wuchs und Charakter ähnlich sind. Dazu zählen vor allem jene Arten, die neben schönen Blüten auch ein stattliches Blattwerk entwickeln.

Taglilien (*Hemerocallis*-Arten), Wasserdost *(Eupatorium purpureum)*, Frauenmantel *(Alchemilla mollis)* und Mädchenauge (*Coreopsis verticillata* 'Zagreb') sind nur einige Beispiele. Sie fühlen sich an sonnigen und halbschattigen Standorten gleichermaßen wohl.

Im Schatten gedeihen neben Blattriesen wie Schaublatt (*Rodgersia*-Arten) und Schildblatt *(Darmera peltata)* auch zierlichere Gewächse wie Salomonssiegel (*Polygonatum*-Arten), Funkien (*Hosta*-Arten) und Knöterich *(Bistorta officinalis)*.

Interessant sind auch jene Stauden, die sowohl ins Wasser als auch an den trockenen Teichrand gesetzt werden können, wie etwa Blutweiderich *(Lythrum salicaria)*, Baldrian *(Valeriana officinalis)*, Gauklerblumen (*Mimulus*-Arten) und Zypergras-Segge *(Carex pseudocyperus)*. Die gleichen Pflanzen einmal

Der Blattschopf der Riesensegge (Carex pendula) als grünes Feuerwerk am Ufer. Eine gelungene Randgestaltung bedeutet nicht nur eine sorgfältig mit Schotter abgedeckte Folie, sondern zum Beispiel auch die Verwendung größerer Findlinge.

Blühendes Ufer: blauer Storchschnabel (Geranium-Arten), Rote Spornblume (Centranthus ruber), Rutenhirse (Panicum virgatum), Mädchenaugen (Coreopsis verticillata, grüne Pölster) und Felberich (Lysimachia punctata, gelb dahinter) wurden außerhalb des Teiches gesetzt. Kleiner Rohrkolben (Typha minima) und Zungen-Hahnenfuß (Ranunculus lingua) stehen im Wasser.

im Teich und einmal außerhalb gepflanzt lassen die Uferzone breiter erscheinen und verhindern eine scharfe, unnatürliche Trennlinie an der Folienkante.

Farne und Gräser

Farne sind die grünen Juwelen einer Ufersaumbepflanzung. Am Wasserrand gedeihen sie dank hoher Luftfeuchtigkeit besonders gut. Auch Gräser sollten an keinem Teichrand fehlen. Sie lockern mit ihrer hohen schlanken Gestalt und den filigranen Ähren, die sich im Wind wiegen, den Ufersaum auf.

TIPP

Winterharter Bambus wird immer häufiger am Wasser verwendet. Kein Wunder: Sein straffer Wuchs, die schönen Blätter und seine gegliederten Halme bringen Frische und Abwechslung.

Der Wind lässt das kleine Bambuswäldchen rascheln und im Winter zaubert der Schnee sein Weiß in die Zweige.

Malerisch am Wasser

Meistens sind die Gärten nicht so groß, dass genügend Platz für klassische Ufergehölze wie die Trauerweide (*Salix alba* 'Tristis') vorhanden wäre. Gehölze am Wasserrand sind nicht nur ein harmonisches Bild, sie haben auch durch die Beschattung der Wasserfläche einen positiven Einfluss auf das Teichklima.

Ein wunderschöner Baum für einen größeren Teich ist die langsam wachsende Sumpfeiche (*Quercus palustris*) mit ihrer leuchtend roten Herbstfärbung.

Birken (*Betula pendula*) verzaubern wiederum das Ufer mit ihren überhängenden Zweigen, wenn sie im Raureif wie eine mächtige Kaskade in der Wintersonne glitzern. Für kleine Teiche und Bachläufe haben Gehölze wie die Zwergpurpurweide (*Salix purpurea* 'Gracilis'), der Buschklee (*Lespedeza thunbergii*) oder der Rotholzige Hartriegel (*Cornus alba* 'Sibirica') mit seinen korallenroten Zweigen die richtige Größe, denn sie werden kaum höher als zwei Meter.

Buntlaubige Gehölze wie der Rote Fächerahorn (*Acer palmatum* 'Atropurpureum') sind durch die bizarre Gestalt ihrer Blätter und durch ihren an einen Bonsai erinnernden, zierlichen Wuchs besonders attraktiv.

Sorten mit extrem überhängenden Zweigen wie die Hängeulme (*Ulmus glabra* 'Pendula') oder die Hängebirke (*Betula pendula* 'Youngii') mit ihrer schirmförmigen Krone machen am Wasser eine ähnlich gute Figur wie die Drehweide (*Salix x sepulcralis* 'Erythroflexuosa') mit ihren bizarr gewundenen Zweigen.

Sitzplatz, Pflaster, Pergola

Geschützter Blick

Ein Sitzplatz am Teich sollte so gewählt sein, dass er nicht nur einen schönen Blick auf Wasser und Umgebung bietet, sondern auch Schutz vor Wind und Sommerhitze. Ein paar Blütensträucher bilden relativ rasch einen geeigneten Windschutz, frisch gepflanzte Bäume brauchen oft Jahre, bis sie genügend Schatten werfen. Sonnensegel sind eine Alternative zu Schirmen, und lassen einen ins Wasser ragenden, aus Holzbrettern gebauten Steg wie ein kleines Boot aussehen.

Mauern

Eine Natursteinmauer als Hangbefestigung, Sichtschutz, Windschutz oder raumgliederndes Element eröffnet besondere Möglichkeiten. Eingeplante Nischen eignen sich gut für eine Grillecke direkt am Wasser. Eine überragende Steinplatte kann einen effektvollen Wasserfall ermöglichen. Zwischen den Steinen findet sich auch immer ein Platz, trockenheitsliebende Polsterstauden und Zwerggehölze zu setzen, um so eine bunte Kulisse zu schaffen.

Stein und Wasser

Große Granitplatten sind eine schöne Möglichkeit, eine karge Uferlandschaft zu gestalten. Felsblöcke können zum Sitzen genutzt werden. Flache Sandsteine, wie sie gelegentlich in der Natur zu finden sind, lassen sich gut als Liegesteine verwenden. Findlinge, ob rund oder kantig, ins seichte Wasser gesetzt, sind als kleine Inseln eine willkommene Auflockerung in der ansonst so gleichförmigen Wasserfläche. Aus Stein gemeißelte Figuren, Brunnen oder Speier geben einem Garten eine fantasievolle, künstlerische Note.

Pergola

Wasser spiegelt. Unangenehm heiß brennt die Sonne vom Augusthimmel und der Teich verwandelt sich in eine grell schimmernde Oberfläche. Zuflucht vor der großen Hitze bietet eine Pergola. Mit Kletterpflanzen berankt wirft sie kühlen Schatten auf den Sitzplatz oder Steg.

Treppen

In Verbindung mit Bachläufen oder Stufenbecken ermöglichen sie es, besonders nah am Wasser zu sein. Zwischen den geschwungenen Formen von Bachläufen und Teichufern und der kantigen Strenge von Stufen entsteht eine interessante Spannung. Dabei muss sich der Bachlauf nicht sklavisch an den Stufenverlauf halten. Entfernung und Annäherung, Verzweigung und Biegung wirken auf den Paarlauf Treppe/Bach belebend.

Eine Treppe zum Teich ermöglicht schöne Aussichten. Purpurviolett säumen Prachtscharten (Liatris spicata) den Weg.

Index

Index